Basics

民法総則ベーシックス

CASE&Q から学ぶ

石上敬子

大川謙蔵

宍戸育世

下村信江

長谷川義仁

福田健太郎

松久和彦

著

法律文化社

はしがき〜本書の目的と使い方〜

　本書は、近畿大学通信教育部（法学部通信教育課程）で民法総則を学ぼうとする学生を対象に書かれたものです。通信授業科目では、配本されたテキスト等を自宅で読み、レポートを作成・提出、試験に合格することで単位の取得が認められます。本書は、自宅で勉強を進める上での最低限の内容をコンパクトに説明することを目的としています。

　本書の構成として、以下のような工夫をしています。第1に、とくに抽象的で分かりにくいといわれる民法総則について、身近な事例と問い「CASE &
QUESTION」（本書では「CASE＆Q」と略記する）を設けました。第2に、「CASE
＆Q」に即した基本概念の説明と「CASE＆Q」の解答を記載しています。各セクションの構成は、基本的に「CASE＆Q」→基本概念の説明→基本概念をふまえた「CASE＆Q」の解答となっています。解答部分は、点線のアンダーラインをひいています。本文を読み進めることで、民法全体の体系や概念・考え方の基礎となる民法総則の中核部分「ベーシックス」をしっかりと理解することができると思います。このような「ベーシックス」を理解することは、近畿大学をはじめ多くの大学の法学部で民法を学ぼうとしている学生はもちろん、法学部以外で教養科目として民法を学ぼうとしている学生にも有用です。是非手に取ってください。

　本書は、いわゆる初学者を念頭に置いています。通信教育部を含めた法学部生は、本書の内容を理解した上で、さらに専門的に勉強を進める必要があります。本書の参考文献リストにある概説書などを手に取り、独学で、また講義を受講することで、民法総則のより専門的な理解を深めるようにしてください。本書が、読者の皆さんの民法総則の理解、物権・債権等のさらなる民法学習への基礎固めに役立つことを祈っています。

　最後になりましたが、本書の企画段階からお世話になりました法律文化社編集部舟木和久さんには心から御礼申し上げます。

2024年11月

執筆者一同

目　　次

はしがき～本書の目的と使い方～

CHAPTER 0　民法総則学習の作法 ························· I
SECTION 1　条文の役割とその構成　1

SECTION 2　法的規範の理解と課題への対処　2

SECTION 3　本書の概要　3

CHAPTER 1　民法の基本原則 ························· 5
──市民社会の基本的な考え方とその制限

SECTION 1　民法の基本原則　5

SECTION 2　私人の権利行使に対する民法上の要請　8

CHAPTER 2　人──誰が権利を有し義務を負うことができる？ ··········· II
SECTION 1　権利能力　II

SECTION 2　失踪宣告　15

SECTION 3　意思能力　19

SECTION 4　制限行為能力者：未成年者・成年後見制度　21

SECTION 5　制限行為能力者の相手方の保護　28

CHAPTER 3　法人 ························· 30
──自然人以外に人として扱われるものがある？

SECTION 1　法人の意義・設立・機関・消滅　30

SECTION 2　法人の対外的法律関係：法人の能力　35

SECTION 3　法人の対外的法律関係：理事の代表権・法人の不法行為
責任　40

SECTION 4　権利能力なき社団　45

iii

CHAPTER 4 　物──民法で「物」といわれるのはどのようなもの？ ……50

CHAPTER 5 　法律行為──なぜ法律行為という概念があるの？ ……55
SECTION 1 　法律行為の解釈　55
SECTION 2 　法律行為の有効性　57

CHAPTER 6 　意思表示──権利義務はどのように生じる？ …………60
SECTION 1 　心裡留保　60
SECTION 2 　虚偽表示　66
SECTION 3 　94条2項類推適用　71
SECTION 4 　錯誤　76
SECTION 5 　詐欺・強迫　83
SECTION 6 　意思表示の効力発生　89

CHAPTER 7 　無効と取消し──似ているようで違うものなの？ ……92
SECTION 1 　無効　92
SECTION 2 　取消し　95

CHAPTER 8 　代理 ……………………………………………97
──誰かが本人に代わって法律行為をすることができる？
SECTION 1 　代理権・代理人の行為能力・顕名・代理行為　97
SECTION 2 　利益相反行為の禁止、代理権の濫用　101
SECTION 3 　無権代理　104
SECTION 4 　表見代理　109

CHAPTER 9 　条件・期限、期間 ……………………………113
──契約が成立すればすぐに効果が生じる？
SECTION 1 　条件　113
SECTION 2 　期限　116
SECTION 3 　期間の計算　118

CHAPTER 10　時効──時の経過によって権利が変動する？ ………… 119

SECTION 1　時効総論　119

SECTION 2　取得時効　121

SECTION 3　消滅時効　124

SECTION 4　時効の完成猶予・更新　129

SECTION 5　時効の援用・時効利益の放棄　133

参考文献

索　　引

CHAPTER 0
民法総則学習の作法

SECTION 1　条文の役割とその構成

　法律はさまざまな役割を有している。とくに争いを解決する場合に、法律に規定されている条文が大きな役割を果たしている（裁判規範としての役割ともいわれる）。そこで、それらの条文がどのような構成や内容となっているのか、1つの例から確認をしてみよう。

　たとえば、AがB所有の時計を100万円で買いたいとBに伝え、BもそれにOKと回答したという事案があったとしよう。この場合に、AB間での契約が成立したと法的にいえるかどうかを考えてみよう。法律（または条文）の勉強で大事になるのは、問われていることに対して「感覚的・常識的」に判断するのではなく、「法的規範」に基づいて答えを出すことである。今回の事案では、民法522条1項に基づいて判断をしなければならない（条文は毎回自分自身で確認することで理解が進むので、必ず自分で条文を引いてみること）。本条では、申込みに対する承諾があれば契約が成立するという内容が示されており、この内容に基づいて事案に対する解答を行う必要がある。なお、法律以外にも、判例や慣習といったものも規範とされることがある。

　これらの条文は原則として「～があれば～となる」というような形で規定されている。この、「～があれば」という部分は**要件（法律要件）**といわれ、「～となる」という部分は**効果（法律効果）**といわれている。法律上は「効力」とも書かれており、法的結果のことを意味している（効き目のことではないので注意）。規定されている要件のすべてが満たされると、効果が生じることとなる。今回の場合、民法522条1項であれば、「契約の内容を示してその締結を申し入れる意思表示に対して相手方が承諾をしたとき」が要件であり、「（契約は……）成立する。」という部分が効果である。すなわち、「申込みと承諾の合致があれば契約が成立する」ということが書かれている。なお、慣れるまでは、どの部分が要件と効果であるかについて、条文から読み取ることが難しいかもしれない。また、要件や効果も判例により一定の修正がなされていることもあ

るため、本書のような教科書や法律書などでその内容を勉強していくことも大事である。

さらに、すべての条文というわけではないが、法律や条文の「**趣旨・目的**」を勉強することも大事になる。これは、条文での要件が不明確な場合、そもそも条文の内容自体が時代に合わなくなった場合、または新しい問題が生じた場合などに、趣旨・目的からそれらの内容を解釈により修正をすることなどが必要とされるからである。具体例として、女性にのみ100日間の再婚禁止期間が規定されていた（民法733条：2024年4月1日より削除）。これは一見不合理、差別的規定と読み取れる。しかし、歴史的には父子関係を確定するためという趣旨で設けられた規定であり、その趣旨に基づきその必要性が議論されていた。その後に、父子関係を定める772条の内容との整合性や、親子関係を確定する考え方が民法制定時より変化し、本来の趣旨や目的が民法772条の改正により達成されることとなったため、民法733条も不要となったことから削除がなされている（機会があれば家族法で勉強してみてほしい）。

すなわち、条文を勉強する際には、まずはそこに記載されている要件・効果を、そしてその趣旨（目的）を理解していくことが重要である。

SECTION 2　法的規範の理解と課題への対処

実際の事案を検討するためには、SECTION 1 のように法的規範に基づいて対応をしなければならない。その検討をする場合には、以下のような流れを意識しておくことが大事である。SECTION 1 の例をもとに考えてみよう。

第1に、事案の問題点（Issue）をしっかりととらえる必要がある。今回は「AB間での契約の成立」が問われていること、そして、それに対応するための規範として522条1項を指摘することが重要となる。もちろん、複雑な問題であればあるほどこれらの論点といわれる部分を見抜く力も求められることになる。これらは、多くの課題に対応していくことで慣れていくことができるので、入門時点で焦る必要はないであろう。

第2に、課題に取り組むために必要となる法的規範（Rules）で規定されている要件の内容を整理していくことになる。今回は、民法522条1項でる「申込みと承諾の合致」が要件とされていることの整理や指摘が必要となる。さら

に、前述のとおり、それらの内容が判例などによって修正等がなされている場合もあるので、必要に応じてそのような判例で指摘されている規範内容などの検討も必要となる。

第3に、法的根拠における要件や判例の内容に、課題での事実（要件事実といわれる）を当てはめ（Application）、すべての要件が満たされるかどうかを検討していくこととなる。今回は、民法522条1項の要件について、「AがBに購入したいと伝えていること」という事実と、「Bがそれに了解していること」という事実が妥当すると考えられることから、そのような内容を指摘していくこととなる。

最後に、課題の問いに対応する形で、法的効果が発生するのかを明らかにして、解答することとなる。すなわち、「AB間では契約が成立している」という解答・結論（Conclusion）を示していくこととなる。

以上のように、法的紛争への対処をしていく場合には、①法的規範をもととして、②課題にある事案をその規範に当てはめ、③そこから結論や解答を導き出す、という流れが求められる。これが法的三段論法といわれるものである。この検討や記述の流れ自体を、上記の英単語の頭文字をとってIRACという形で呼ばれることもある。すなわち、法的紛争を検討するためには、そこで法的に問題となる点を見抜き、それに妥当する規範を想定する必要がある。そのため、法律の勉強では、条文の理解をすることが大事であり、その条文ではどのような要件と効果が書かれており、どのような問題のために規定された条文であるかを整理していくことが重要となるといえよう。

SECTION3　本書の概要

本書は民法総則部分を中心に、上記のような視点に対応するための説明を行っている。各章の構成として、その冒頭で、前述のような事例（CASE＆Q）が書かれているので、総則を勉強したことがある場合には、自分でその内容を検討するとよい。そのような事例の後に、そこで問われる法的問題についての解説や、その事例に対応するために必要となる規範や考え方についての説明がなされている。それらの解説の中で、それらの要件や効果の意味を確認し、必要に応じて条文の趣旨も理解しながら読んでいくことが大事である。

また、民法総則部分は民法の全体に関連する内容を扱っている。具体的には、人・物・行為・時間といわれる部分であり、それらは物権法・債権法・親族法・相続法の内容とも密接に関連する。さらに、それ以外の分野に関する規定（刑法、商法など）や特別法（一般法人法など）も関連してくるので、本書においても、適宜それらの内容を使った事例の紹介や説明などがなされている。必要に応じて、それらの条文なども目を通していくことでさらに理解が進むであろう。

　もし、それらの内容がうまく理解できないことがあったとしても、不安になる必要はなく、民法の全体像が把握できた後に再度勉強することで対応ができ、また、その必要があるのも法律の勉強の特徴であるといえる。

CHAPTER 1
民法の基本原則：市民社会の基本的な考え方とその制限

SECTION 1　民法の基本原則

1　権利能力の平等

> **CASE & Q 1**
> AはBから100万円を借りたが、その返済ができなかった。そこで、Aはその子C
> をBへと返済の代わりに引き渡すこととした。これは認められるか？

　近代市民社会（現代については後述5参照）では、個々人の人格が最も尊厳のあるものとされ、国家はその実現のために最低限の役割のみを担う存在とされている（夜警国家といわれる）。これが**個人主義**といわれる理念であり、憲法13条はそれを表した規定である。すなわち、人は個人としてあらゆる場面で尊重されなければならない。それゆえ、すべての人は平等に権利を有し義務を負う者になりうるとされ、物のように権利義務の対象とはならないとされている。この考え方は、**権利能力平等の原則**といわれ、歴史的に、奴隷は人でありながら売買契約の目的物とされていたものの、この原則により、このような取引は認められなくなった。それゆえ、すべての自然人（人間のこと）は出生後に権利能力（**CHAPTER 2**参照）を有するとされる。権利能力平等の原則は、憲法14条でも規定される**平等主義**を表したものでもある。

　CASE & Q 1の場合、Cを引き渡すこと（物扱いすること）は、権利能力平等の原則からも認められない（無効）。

2　所有権の絶対

> **CASE & Q 2**
> Aは自己の農地で生計を立てていたところ、地域の顔役Bがその土地の一部（甲）で
> その地域の野菜販売所を無断で経営し、その結果、地域経済も潤うこととなった。
> Aは甲の自己使用を断念する必要があるか？

人が生活をする際に重要となる財産（とくに土地）は、歴史的に封建的支配（領主などによる管理）に服することが一般的であった。しかし、個人が生活をするうえで、自分の財産は他人から勝手に奪われることがないからこそ、人は自由にその自分の生活を安心して送ることができるといえる。それゆえ、個人の生活基盤となる財産については神聖不可侵のものであり、個人の自由領域への不当な介入は認められないと考えられている。これが、**所有権絶対の原則**といわれるものであり、この原則に基づき、所有者はその物などについて①自由に使用・収益・処分をすること（206条）、②侵害に対して排除等を主張できることが認められている。

CASE & Q 2の場合、たとえ地域の役に立つ活動内容であったとしても、BはAの所有物を無断使用していることから、Aはその排除を主張することができる。これは、所有権に基づく妨害排除請求というものである。

3　私的自治

CASE & Q 3
Aは駄菓子屋（店主B）から、1個10円と書かれていたチョコレートを11個買うことにした。この時に「11個で100円にして欲しい！」とBへ伝えた。このとき、Bはそれに応じる必要があるか？

個人主義のもとで、各自の財産（権）が制度的に保障されたとしても、社会生活関係を自由に形成できないのであれば、財産（権）の保障がなされたとはいえない。それゆえ、私法上の法律関係は個人の自由な意思に基づいてつくることができ、公権力の介入は望ましくないと考えられている。このような考え方を、**私的自治の原則**という。すなわち、個人意思に基づいて社会生活関係が形成され、それゆえに、各人はその意思や意思に基づく契約内容について責任を負うこととされる。この原則は、契約自由の原則、団体設立自由の原則、遺言自由の原則という形で条文にも規定がなされている。

CASE & Q 3の場合、ＡＢ間で売買契約を締結することになり、そこではＡＢ間での意思が重要となる。すなわち、ここでは契約自由の原則が当てはまる場面となっており（521条2項）、ＡＢ間で100円とする契約を締結することも可能であり、逆に100円では売却しないとしてBが売買契約の締結を拒絶することも可能である。

4 過失責任

> **CASE & Q 4**
> Ａが自己の荷物を自転車で配達している際、Ｂにぶつかり、Ｂが骨折をした。しかし、これは、Ｃが突然に石をＡに投げ、Ａがそれを回避するために起こったことであった。ＡはＢのケガについて責任を負うか？

　私的自治の原則に基づき社会生活関係を自由に形成できるとしても、多くの人が生活する上で必ず利害の衝突が起こる。たとえば、道を急いでいる人もいれば、地図を見ながら歩く人もいる。両者の行為自体は自由であり、責任問題を生じさせるものではない。しかし、両者の行為の結果として衝突したりすることでケガなどの損害が生じることもありうる。この場合、確かに一定の責任を加害者側に負わせるべきである。しかし、あらゆる損害について行為者に責任を負わせるとすると、行動の自由が極端に制限されてしまう。それゆえ、故意・過失のある加害行為の結果として生じた損害についてのみ、行為者に責任が負わされると考えられている。これを、**過失責任の原則**という。私的自治が認められている結果として、故意や過失による加害行動をしないことが必要とされ、この点は民法709条の不法行為規定でも明確にされている。なお、415条の債務不履行に基づく損害賠償では、2020年の債権法の改正により過失責任の原則は明確には規定されておらず議論がなされている。

　CASE & Q 4の場合、Ａの運転行為に故意や過失があるとはいえず、Ａではなく、ＣがＢに対してその責任を負うべきとされる（709条）。

5 現代社会における基本原則の修正

　以上のような原則は、現代社会でそのまま適用されるわけではない。たとえば、所有権絶対の原則とはいっても、条例等に基づき土地の収用等がなされる場合もある（この場合には当然に補償が必要とされる：憲法29条）。私的自治の原則についても、労働法では解雇の制限があるなど、他の法律で一定の修正がなされている。さらに、過失がなくても賠償責任が認められるという無過失責任が規定されている場合もある（原子力損害の賠償に関する法律３条など）。また、さまざまな権利が民法などの実体法で認められているものの、現代社会においては、その行使方法などについて、民法典で以下のような一定の制限もなされている。

SECTION 2　私人の権利行使に対する民法上の要請

1　信義誠実の原則

> **CASE & Q 5**
> 売主Aが買主Bに時計を売却し、大阪の「梅田」で代金および時計の受渡しをすることとなった。当日、Aが「梅田駅」で待っていたところBは「大阪駅」で待機しており、受渡しができなかった。後日、AがBに引渡しをするので代金を請求したところ、BがAの履行遅滞の責任を追及した。これは認められるか？

　民法1条2項には信義誠実の原則（信義則）の規定があり、それは後述のように多くの役割を果たしている。**CASE & Q 5**のような場合、判例では、買主が売主に対し問い合わせをすればすぐに場所が確認できるにもかかわらず、買主が信義誠実に従ってそのような問い合わせをしなかったことから、代金支払いについて買主側での遅滞の責任を免れないとの判断がなされている（大判大14・12・3民集4巻685頁）。すなわち、契約でそのような義務が定められていなかったとしても、信義則に基づいて、Bには問い合わせをすべき義務があるとの判断がなされている。

　信義則自体は、もともと上述の様な契約解釈の基準として用いられていた（契約上での義務を付加している）。現在では、さらに裁判規範として、新たな権利・義務の創造規定、権利の制限規定などとしても使われている。たとえば、権利の創造規定として事情変更の原則による契約改訂権および解除権、義務の創造として安全配慮義務、権利の制限規定として時効完成後の債務承認による援用権の制限などが認められている。

2 権利濫用の禁止

CASE & Q 6

温泉旅館Yは、上流から引湯管を用いた形で営業をしていた。引湯管は全長7.5キロメートルで、その内2坪分のみA所有の甲土地上を通過していた。甲は急傾斜の荒れ地で利用価値もほぼないことから、Yはその使用許可を得ていなかった。これを知ったXがAから甲を買い受け、隣接するXの土地と合わせて、Yに時価の20倍の価格で買い取るように請求したが、Yが応じなかった。そこでXが土地所有権に基づいて、Yに対して引湯管の妨害排除の訴えを起こした。

Q1）Xの主張を正当なものと考え、その排除請求を認めるべきか？

Q2）Xの主張が認められない場合、事案をどのように処理すべきであるか？

　民法1条3項には権利濫用禁止の法理または権利濫用法理と呼ばれる規定がある。もちろん、権利者が自己の権利を行使すること自体は適法な行為である。しかし、権利濫用法理は、一定の場合にこのような権利行使を、①違法とする、②法の保護を与えないとするという制度であり、さらに③一般の行動規範としても用いられる原理でもある。

　CASE & Q 6の場合、Yは無断でXの所有権を侵害しており、本来はXによる妨害排除の主張は認められる。しかし、客観的にみても引湯管を撤去するのは著しく困難であり、可能でも莫大な費用がかかるのに対し、Xの損失はわずかである。さらに、Xの意図から（主観的に）も、権利行使という外形を装いながら不当な利益を手に入れようと考えられ、そこに正当な利益があるとはいえない。それゆえ、**Q1）**では妨害排除請求は棄却されるといえ、実際に同様の判断が存在する（宇奈月温泉事件：大判昭10・10・5民集14巻1965頁）。

　ただし、**Q1）**で権利行使が認められないとしても、Yの無断使用状況は継続している。それゆえ、その後の事案の処理について問題が残り、1条3項にもそこまでは書かれていない。現実としては合意による解決が望ましいが、Xがそれを受け入れない可能性もある。その場合、再度の紛争が発生してしまい、紛争解決機関としての司法が機能していないといわれかねない。それゆえ、実際に権利濫用の法理を適用するには厳格な判断が必要であるといわれる。**Q2）**としては、使用料の合意などができない場合などに備え、裁判所が強制的に調停を実施できるようにするなどの立法的解決が必要ではないかという意見もある。

以上のように、権利濫用法理の判例では、要件として客観と主観の要素が述べられているが、条文では明確ではなく、さらにその効果についても明確ではないところも多く、これらはさらなる検討が必要であるといえる。

CHAPTER 2
人：誰が権利を有し義務を負うことができる？

SECTION 1　権利能力

CASE & Q 7
　Aが胎児である間に、父Bが交通事故で死亡した。その事故は、Cの居眠り運転によるものであった。
　Q1）AはBが死亡したことにより、事故の加害者であるCに対して慰謝料の支払いを求めることができるか？
　Q2）AはBの遺産を相続することができるか？

1　権利能力の意義

　権利義務の主体は、**権利能力**を有する者である。民法は、権利義務の主体として、**自然人**（人間）と法人を定めている（法人については**CHAPTER 3**で扱う）。権利能力とは、権利義務の主体となることができる資格をいい、権利能力を有する者は、権利を有し、義務を負うことができる。

2　権利能力の始期

　民法3条1項には、「私権の享有は、出生に始まる」と規定されている。これは、①自然人は出生により権利能力を取得すること、そして、②私権を有するために求められているのは出生という事実のみであるため、すべての人が平等に権利能力を有することを意味する（権利能力平等の原則：**CASE & Q 1**参照）。同条における「出生」の解釈については議論があるが、民法上は、胎児の全身が母体から完全に出た時点をもって、出生とするのが通説である（全部露出説）。

（1）胎児の権利能力

　自然人は、出生により権利能力を取得するため、胎児には権利能力がないと解される（3条1項の反対解釈）。そうなると、**CASE & Q 7**のAは、権利能力を有さないため、不法行為で死亡した者の近親者が加害者（C）に対して請求できる慰謝料（711条）も、Bの遺産を相続することも認められないことになりそ

うである。しかし、AがBの死亡する１日前に出生していた場合には、AはCに対する慰謝料請求権もBの相続権も取得することができる。このように、出生の時期が１日早いか遅いかだけで、胎児に不利益が生じるのは不公平であろう。

そこで、民法では、権利能力の始期について、次の３つの特則を置き、胎児の利益保護を図っている。それは、①不法行為に基づく損害賠償請求権（721条）、②相続（886条）、③遺贈（965条）である。①から③の場合、胎児には権利能力はないが、生きて生まれることを条件として、遡及的に権利能力が付与されていると解される（停止条件説）。そのため、胎児であっても、例外的にすでに生まれているものとみなされ（**出生の擬制**）、権利能力が認められることになる。したがって、**Q1）・Q2）**において、Aは、Cに対する慰謝料の支払を求める権利を取得し（721条）、Bの遺産を相続する権利も取得することができる（886条）。ただし、Aが死産となった場合には、こうした保護の必要はないとして、胎児に対する例外規定は適用されない（886条２項参照）。

3　権利能力の終期

CASE & Q 8

Bの夫Aは子Cと登山に出かけた。しかし、登山中に予期せぬ嵐がきて遭難し、A・Cは死亡した。２人のどちらが先に死亡したかは不明である。Aには900万円の財産があり、母Dがいる（Aの父はすでに死亡しており、兄弟姉妹はいない）。Cには600万円の財産がある。遺言がない場合、相続関係はどうなるか？

（1）死亡による終了

自然人の権利能力は、死亡により消滅する。民法でこのことを直接定める規定は置かれていない。しかし、ある者が死亡すると、その者に帰属していた権利義務が、相続を通じて、特定の者（相続人）に承継される（882条）こと等から、権利能力の終期は、死亡時であると解されている。なお、死亡とは、自然死亡を意味し、自然死亡は、一般的に、心臓の不可逆的停止、呼吸の不可逆的停止および瞳孔の散大という死の三徴候から判断される。また、民法では、認定死亡や失踪宣告（**CASE & Q 9**参照）によっても死亡と扱われる。

（2）同時死亡の推定

複数の者が死亡し、その中で誰が先に死亡したのかが分からない場合には、

相続に大きな影響を及ぼすことがありうる。とくに、CASE＆Q8のように、死亡した複数の者が、夫婦や親子等、お互いに推定相続人だったときは、誰が先に死亡したかによって、相続人となる者や相続する額が変わる可能性がある。CASE＆Q8で考えてみると、AもCも遺言がないため、法定相続に従うことになる。たとえば、①Aが先に死亡した場合は、Aの遺産をBとCが1：1の割合で相続し（887条1項・890条・

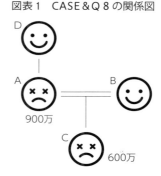

図表1　CASE＆Q8の関係図

900条1号）、つぎに、Cが死亡したら、Cの遺産をBのみが相続する（889条1項1号）。結果的に、Bは1500万円を取得することとなる。これに対し、②Cが先に死亡した場合は、Cの遺産をAとBが1：1の割合で相続し（889条1項1号・900条4号）、つぎにAが死亡したら、Aの遺産をBとDで2：1の割合で相続する（890条・889条1項1号）。結果的に、Bは1100万円、Dは400万円を取得することとなる。このように、死亡の順序によって、相続関係は大きく変わるため、各人がいつ死亡したのかが重要となる。しかし、CASE＆Q8では、AとCの死亡の時点は不明であり、相続関係を確定することができない。そこで、民法は、**同時死亡の推定**の規定を設け、複数の死亡者がいて、そのうち誰が先に死亡したか分からない場合には、それらの者は同時に死亡したものと推定する（32条の2）。同時死亡者の間では、死亡時に権利能力は消滅しているため、互いに相続関係はないことになる。したがって、CASE＆Q8のAとCは、民法32条の2に基づき、同時に死亡したものと推定され、Aについては、BとDが相続人となり、Bは600万円、Dは300万円を相続する。Cについては、Bのみが相続人となるため、600万円を相続し、Bは合計で1200万円を取得することとなる。

　なお、民法32条の2では、同時に死亡したものと「推定」されることから、この推定によって不利益を受ける者は、反対の事実を証明すれば、同時に死亡したという推定を覆すことができる。たとえば、CASE＆Q8のAとCの死亡時刻が明らかとなり、Aが先に死亡したと証明されたら、同時死亡の推定は覆され、Aが先に死亡したという事実に基づき、相続関係は考えられる。

（3）認定死亡

　ある者の死体は確認できないものの、水難や火災などの事変によって死亡した蓋然性が高い場合には、その取調べをした官庁・公署は、死亡地の市町村長に死亡の報告をしなければならない（戸籍法89条）。その報告に基づいて、戸籍に死亡の記載がなされれば、その者は戸籍記載の日時に死亡したものと事実上推定される。これを**認定死亡**という。ただし、認定死亡は、行政手続に基づき便宜的に死亡の取扱いをするものであるため、生存の証拠があがると、当然に効力を失うこととなる。

COLUMN 1　住所と不在者

　民法上、住所とは、各人の生活の本拠（22条）と定義されている。生活の本拠は、生活の中心となる場所を意味する。また、生活の本拠とまではいえないが、ある程度の期間継続して居住している場所を**居所**という。ある者に住所がないとき、あるいは住所が知れないときには、居所が住所とみなされる（23条1項）。

　民法では、「従来の住所又は居所を去った者」を**不在者**と定義し、ある者が不在の場合に、その不在者の財産を本人に代わって管理するための制度（25条～29条）や、不在者の生死が分からない場合に備えて失踪宣告の制度（30条～32条）を置いている。

CHAPTER 2　人

SECTION 2　失踪宣告

> **CASE & Q 9**
> BのAは、婚姻してから3年目の朝に出勤した後、連絡がとれなくなり、行方が分からなくなった。Bは、A所有の家屋（甲）で帰ってくるのを待っていたが、音信不通の状況が10年間続いている。
> Q1) Aを待つことに疲れたBは、別の男性Cからの求婚を理由に、再婚したいと考え始めている。BはCと再婚することができるか？
> Q2) BはAの財産である甲を取得することができるか？

1　失踪宣告の意義

ある者が行方不明になり、生死不明の状態が続くと、その者に関する法律関係は未確定のままとなる。そのような状態が長期間継続することは、行方不明者の家族など残された者にとって不利益となる可能性がある。たとえば、CASE & Q 9のよう

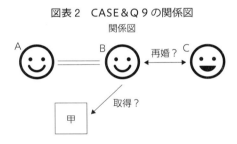

図表2　CASE & Q 9の関係図

に、Aの妻Bは、Aの生死が分からないため、いつまでも再婚することができず、法的に不安定な立場に置かれることとなる。

そこで、民法では、ある者の生死不明の状態が一定期間継続した場合、家庭裁判所の審判によって、その者を法律上死亡したものとみなす制度を定めている。その制度を**失踪宣告**という。

2　失踪宣告の要件

失踪宣告には、**普通失踪**と**特別失踪**の2種類がある。普通失踪は、ある者の生存が最後に確認できた時から7年間生死が明らかでないときに宣告され（30条1項）、特別失踪は、戦地に臨んだ者、沈没した船舶に乗っていた者、その他死亡の原因となるべき危難に遭遇した者の生死が、それぞれ戦争が止んだ後、船舶が沈没した後またはその他の危難が去った後1年間明らかでないとき

に宣告される（30条2項）。特別失踪の生死不明期間が普通失踪と比べて短いのは、死亡の蓋然性が高いためである。このいずれかに該当する場合、利害関係人の請求によって、家庭裁判所が失踪宣告を行う（30条）。ここでの利害関係人とは、失踪宣告を求めることについて法律上の利害関係を有する者であり、たとえば、生死不明者の配偶者や推定相続人、財産管理人、受遺者等が該当する。なお、家庭裁判所は、失踪宣告の審判をするにあたり、公示手続（家事事件手続法148条3項）や事実の調査・証拠調べ（同56条）を行わなければならない。

3　失踪宣告の効果

家庭裁判所が失踪宣告をすると、失踪宣告を受けた者は死亡したものとみなされる（**死亡の擬制**〈ぎせい〉：31条）。死亡の擬制は、あくまでも失踪者の従来の住所を中心とする私法上の法律関係について、失踪者が死亡した場合と同様の法的効果を認めるものである。死亡したとみなされる時点は、普通失踪の場合は7年間の失踪期間が満了した時であり、特別失踪の場合は、危難が去ってから1年後の時点ではなく、危難が去った時である。法律上、死亡したものとみなされることで、失踪者との婚姻関係は終了し、相続が開始される。

Q1）と**Q2）**では、Aが行方不明になってから、音信不通の状態が10年間続いているため、Bは、家庭裁判所にAの失踪宣告の申立てをすることができる（30条1項）。家庭裁判所がその失踪宣告を認める審判をすれば、Aは死亡したものとみなされる。Aの死亡により、AB間の婚姻は解消され、Bは、Cと再婚することができる。また、Bは、Aの推定相続人であることから（891条）、Aが他の者に対する遺言〈いごん〉をしていなければ、A所有の甲を相続することもできる（ただし、B以外にも相続人がいる場合は、遺産分割〈いさんぶんかつ〉による）。なお、**Q1）**について、別の者と再婚したいBは、裁判上の離婚原因である「配偶者の生死が3年以上明らかでないとき」（770条1項3号）等に基づき、Aに対して裁判上の離婚を求めることも可能である。しかし、Bは、離婚により婚姻を解消すると、Aの財産を相続することはできない。その点で失踪宣告がなされた場合の死亡による婚姻解消と離婚による解消とでは違いがある。

4　失踪宣告の取消し

> **CASE＆Q10**
> Ａについて失踪宣告がされ、ＢはＡ所有の家屋（甲）を相続により取得し、Ｃと再婚
> した。ところが失踪宣告から２年後、Ａが生きてＢのもとに戻ってきた。
> Q１）ＡはＢに対して、甲の返還を請求することができるか？
> Q２）ＢとＣの婚姻関係は、どのように扱われるか？

（1）失踪宣告の取消しの要件

　CASE＆Q10のように、失踪宣告がなされた後、失踪者の生存が判明する場合がある。あるいは、死亡はしているが、失踪宣告による死亡擬制時とは異なる時に死亡したと判明することもある。民法32条１項前段によると、これらの事実の証明があったときは、「家庭裁判所は、本人又は利害関係人の請求により、失踪の宣告を取り消さなければならない」と規定している。つまり、失踪宣告は死亡したと「みなす」制度であるため、反対の事実（＝死亡していない、あるいは死亡した時期が異なる）が明らかになったとしても、それだけで失踪宣告の効果は覆らない。失踪宣告を取り消す場合にも、家庭裁判所の審判によらなければならないのである（32条１項前段、家事事件手続法149条）。したがって、CASE＆Q10では、本人Ａまたは利害関係人であるＢが家庭裁判所に請求し、Ａの生存を証明すれば、家庭裁判所はＡの失踪宣告の取消しの審判をすることになる。

（2）失踪宣告の取消しの効果

　（a）　**財産関係**　　失踪宣告が取り消されると、失踪宣告は、初めからされなかったものとして扱われる（遡及効）。この場合、失踪者は死亡していなかったことになるため、失踪者との関係では、婚姻は解消せず、相続も生じなかったこととなる。そのため、**Q１）** については、甲の所有者はＡのままとなり、ＡはＢに対して甲の返還を請求することができ、Ｂは当然に甲を返還しなければならない。しかし、この遡及効の原則を貫くと、失踪宣告を信頼していた者が不利益を被る可能性が生じる。そこで、民法には、そうした者を保護する例外規定が２つ置かれている。

　第１に、失踪宣告後、その宣告が取り消される前に失踪者が生きていると知らずに（善意で）した行為の効力は、取引の安全を図るため、失踪宣告が取り消

されても有効として扱われる（32条1項後段）。たとえば、**CASE&Q10**において、失踪宣告の取消前に、Bが相続により取得した甲を第三者Dに売却した場合、BとDがともに善意であれば、その取引は有効とされ、甲の所有者はDのままとなり、DはAからの返還請求に対して対抗することができる。なお、BまたはDの一方だけが善意の場合、その取引は有効とされない（大判昭13・2・7民集17巻59頁）。

　第2に、失踪宣告によって財産を得た者は、宣告の取消しにより権利を失うことになるが、その場合に返還する財産の範囲は、現存利益とされている（32条2項但書。「現に利益を受けている限度」）。たとえば、Bが甲を売却して得た財産の半分を浪費などですでに費消していた場合には、残っている半分の財産のみを返還すればよい。ただし、現存利益の返還で足りるとされるのは、失踪者の生存を知らなかった善意の取得者に限られると解されている。

　(b)　**婚姻関係**　**Q2**）について、Aの失踪宣告が取り消された場合、AとBの婚姻は解消していないことになるのだから、BとCの婚姻関係は無効となるのだろうか。かつては、婚姻のような家族関係にも、民法32条1項後段を適用し、後婚の当事者が善意の場合には、前婚は復活せず後婚が有効となり、悪意の場合には、前婚が復活するという見解が有力であった。しかし、近時は、家族関係については、とくに本人の意思が重要であり、民法32条1項後段を適用すべきではないとする立場が有力である。その立場によると、後婚の当事者BとCの善意・悪意に関係なく、AとBの前婚は復活せず、たとえAの失踪宣告が取り消されたとしても、BとCの婚姻は有効のままとされる。

SECTION 3　意思能力

> **CASE & Q11**
> 　5歳の幼児Aは、母Bと一緒に家電量販店へ行った。Bが買い物をしている間に、AはBから離れ1人で歩き回っていた。Aは、おもちゃ売り場で、保育園の友達が話していた高価な家庭用ゲーム機をみつけ、店員Cとの間でそのゲーム機を買う契約を成立させてしまった。AとCとの間の売買契約は有効か？

1　意思能力とは

SECTION 1でみたとおり、すべての人は権利能力を有し、権利義務の主体となることができる。したがって、**CASE & Q11**のAは、権利能力を有している。しかし、権利能力を有していたとしても、それだけで法律行為を有効に行うことができるわけではない（法律行為については、**CASE & Q20**で詳述する）。たとえば、AとBの間で、A所有の絵画（甲）をBが200万円で購入するという売買契約を締結する場合を考えてみると、この契約によって、Aは「Bから200万円を受け取る代わりに甲を引き渡さなければならない」という取引内容を、Bは「Aから甲を受け取る代わりに200万円を支払わなければならない」という取引内容を理解する能力がなければならない。そのような能力は、**意思能力**と呼ばれ、法律行為をするにあたって、自己の行為の結果を判断する知的能力を意味する。

2　意思能力の判断基準

意思能力があると判断されるための基準について、民法に明文規定はないが、大体7歳から10歳程度の知的能力が目安になると解されている。それゆえ、**CASE & Q11**の5歳児であるAは、意思能力を有していないと判断されよう。実際に裁判で問題となるのは、成年の精神障害者や判断能力の不十分な高齢者などであるが（たとえば、東京地判平10・10・30判時1679号46頁、福岡高判平16・7・21判時1878号100頁、仙台高判令3・1・27判夕1492号89頁等）、一律に明確な判断基準はなく、裁判で意思能力の存否が争われる場合には、個々の具体的な事案ごとに裁判官によって判断される。

3 意思無能力の効果

民法3条の2では、法律行為の当事者が意思表示をした時に、意思能力を有しなかったときは、その法律行為は無効であると定められている。意思能力を欠く者（**意思無能力者**）がした意思表示が無効であることについては、以前から判例（大判明38・5・11民録11輯706頁）・通説において異論なく認められてきたが、2017年の改正により明文化された。

意思無能力者がした法律行為が無効とされる理由については、自分がしようとする法律行為の意味を理解できない者に、その行為の責任を取らせるのは妥当ではないという弱者保護の観点からの説明が有力である。この点を重視して、「無効」の意味は、誰からでも主張できる絶対的無効ではなく、意思無能力者の側からしか主張できない相対的無効だと解されている（詳しくは、CASE ＆ Q31を参照）。

法律行為が無効とされると、その法律行為は法的には初めから存在しなかったものとして扱われ、その法律行為による権利義務は一切生じなかったことになる。CASE ＆ Q11を考えてみると、Aは意思無能力者であるため、たとえAがCとの間でゲーム機を購入する売買契約を成立させてしまったとしても、その契約は無効となる。そのため、その契約は初めから存在しなかったものとされ、Aは売買契約から生じる義務を負う必要はない。

なお、法律行為が無効であるにもかかわらず、すでに履行されている場合には、無効な行為に基づく債務の履行として給付を受けた者は、相手方を原状に復させる義務（**原状回復義務**）を負う（121条の2第1項）。しかし、意思無能力者の法律行為については、現存利益の返還で足りる（121条の2第3項。「現に利益を受けている限度」）とする例外規定も置かれている。

SECTION 4 制限行為能力者：未成年者・成年後見制度

> **CASE & Q12**
> 16歳の高校生Ａは、遊ぶ金欲しさに、母親Ｃには内緒で、Ｃが持っていた有名ブランドの鞄をリサイクルショップＢに持って行った。そこで、Ｂは鞄を15万円で買い取ってくれた。ところが１週間後、無断で売却したことがＣにばれてしまい、Ｃは「お金を返して、鞄を取り戻してきなさい」とＡにいいつけた。Ａは、ＢからＣの鞄を取り戻すことができるか？

1 総 論

　意思能力を有していても判断能力が十分でない者にとっては、１人で瑕疵のない意思に基づいた法律行為をすることは難しい。判断能力が十分でない者は、一定の能力（**行為能力**）を有しておらず、行為能力の制限を受ける**制限行為能力者**と呼ばれる（行為能力の制限を受けない者は**行為能力者**（20条１項）という）。行為能力とは、法律行為を１人で確定的に有効に行うことができる資格をいうが、行為能力の判断基準は、意思能力と異なり、客観的・一律に判断される。制限行為能力者とされるのは、**未成年者、成年被後見人、被保佐人、被補助人**（17条１項の審判を受けた者）である。制限行為能力者は、代理人（親権者や後見人など）の同意を得て法律行為をするか、代理人が本人に代わって法律行為をすることになる。制限行為能力者が行為能力の制限に反する法律行為をした場合には、その行為は取り消すことができる。なお、制限行為能力者制度は、意思無能力の無効における意思無能力であることの立証の困難性や相手方保護の欠如という問題点を制度的に対応するものであると指摘される。

2 未成年者

（1）未成年者の意義

　未成年者とは、成年に達しない者をいう。成年年齢は18歳であることから（４条）、18歳未満の者はすべて未成年者となる。

（2）未成年者の法定代理人

　未成年者は、判断能力が未熟と考えられ、原則として、法律行為を行うに

は、法定代理人の同意を得なければならない（5条1項本文）。法定代理人は、原則として、親権者であるが（818条・824条）、未成年者に親権者がいないとき、または親権者が管理権を有しないときは、後見が開始し（838条1号）、指定ないし選任された未成年後見人が法定代理人となる（859条1項）。法定代理人は未成年者の法律行為について包括的な権限を有している。具体的には、未成年者の法律行為に同意を与える同意権（5条）、未成年者に代わって財産に関する法律行為をする代理権（824条・859条）、同意を得ずになされた法律行為の取消権（120条1項）、同意を得ずになされた法律行為の追認権（122条）である。

（3）未成年者の行為能力

　未成年者が法定代理人の同意を得ないでした法律行為は、取り消すことができる（5条2項）。取消権を有するのは、未成年者自身とその法定代理人である（120条1項）。取消しの意思表示がされると、取り消された法律行為は、その行為の時に遡って、初めから無効であったものとみなされる（121条）。その場合に、未成年者がすでに目的物を受領しているときは、それを相手方に返還しなければならないが（**原状回復義務**。121条の2第1項）、その返還の範囲は、現存利益でよい（121条の2第3項。「現に利益を受けている限度」）。

　また、法定代理人は、未成年者が同意を得ずにした法律行為について、取り消す必要がないと判断する場合には、その行為を追認することもできる（122条）。追認されると、未成年者の法律行為は確定的に有効となる。

　なお、次の場合には、例外的に未成年者は単独で法律行為をすることができる。それは、①未成年者が単に権利を得または義務を免れる法律行為（5条1項但書）、②法定代理人から処分を許された財産の処分（同条3項）、③法定代理人から許された営業に関する行為（6条1項）であり、未成年者がこれらの法律行為をする場合には、法定代理人の同意を得る必要はない。民法が未成年者を制限行為能力者として定めているのは、未成年者を保護することが目的であるため、未成年者の利益にしかならない法律行為や、法定代理人が事前に許可している行為については、保護する必要はないと考えられるからである。

　以上のことを踏まえ、**CASE＆Q12**を検討すると、未成年者であるAが売買契約をするには、親である法定代理人Cの同意を得なければならない。しかし、AはCの同意を得ずに、Bと売買契約を締結していることから、AとCは、Bとの売買契約を取り消すことができる。取り消された場合には、この売

買契約が締結された時点（つまり、Aが鞄を売った時点）に遡って無効となり、この契約は効力を生じなかったものとして扱われる。そうすると、A・B双方ともに、原状回復義務を負うため、AはBに対して受け取った15万円を返金し、BはAに鞄を返還しなければならない。ただし、Aがすでに15万円の一部を費消している場合には、Aは残っている金額のみ返還すれば足りる。

3　成年被後見人・被保佐人・被補助人

CASE & Q13

85歳のAは認知症の症状が進行し、家族や周りの人を認識できなくなり、コミュニケーションをとること自体も難しくなっていた。そこで、Aと同居している長男Bは後見開始の申立てをした。家庭裁判所は、AについてBを成年後見人とする後見開始の審判を行った。その後、Bが仕事で不在の時に、リフォーム業者Cが自宅を訪れ、Aとの間でキッチンを100万円でリフォーム工事する契約を締結した。帰宅してAから話を聞いたBは驚き、Aが行った契約をなかったことにしたいと考えている。AC間の契約を取り消すことはできるか。

（1）成年後見制度

　成年後見制度とは、精神上の障害等により、判断能力が十分でない者を法的に保護するための制度である。たとえば、認知症等の高齢者や知的障害者、精神障害者等がこの制度の対象となる。成年後見制度は、従来の禁治産・準禁治産制度を1999年に全面的に改正し、本人の自己決定の尊重、残存能力（現有能力）の活用、ノーマライゼーションという新たな理念とともに2000年から施行されている。

　成年後見制度は、**法定後見**と**任意後見**に大別される。法定後見は民法に規定されており、保護される本人の判断能力に応じて、後見、保佐、補助の3つに分類される（法定後見については、（2）以下で詳述する）。また、任意後見制度は、本人が、将来判断能力が不十分となる場合に備えて、あらかじめ誰にどのような支援をしてもらうかを契約により定めておく制度である。任意後見制度は、任意後見契約に関する法律に規定されている。

　成年後見制度に合わせて、1999年に**成年後見登記制度**が創設され、後見等が開始した事実は、法務局の管轄する後見登記ファイルに記載される（後見登記等に関する法律4条・5条）。後見等の審判を受ける本人や成年後見人等の法定代

理人は登記事項の証明書（後見が開始していないことの証明を含む）の交付を請求することができ、成年被後見人や被保佐人等の制限行為能力者と取引をしようとする相手方の不都合を回避できるようになった。

（2）成年後見

(a) **成年後見の開始**　成年後見は、精神上の障害により**事理弁識能力**を欠く常況にある者（7条）を対象とする。事理弁識能力とは、法律行為の結果を判断することができる能力を意味する。成年後見は、事理弁識能力がつねにない状態の者を対象とするもので、法定後見の中では、最も保護の必要性が高く、成年被後見人の行為能力は厳しく制限される。

　成年後見は、本人、配偶者、4親等内の親族、検察官等からの請求を受けた家庭裁判所が後見開始の審判をすることにより開始する（7条・838条2号）。身寄りのない高齢者等については、市町村長も審判の請求をすることができる（老人福祉法32条等）。家庭裁判所は、後見開始の審判をするときは、職権で、**成年後見人**を選任する（8条・843条1項）。なお、後見人は、自然人に限られず、法人も選任することができる（843条4項）。また、複数の親族で後見人となったり、親族と専門家（弁護士・司法書士等）で後見人となる等、複数の後見人を選任することもできる（859条の2）。

　後見開始の審判を受けた者は、**成年被後見人**とし、これに成年後見人を付ける（8条）。なお、家庭裁判所は、成年後見人の事務を監督するために、被後見人、その親族もしくは後見人の請求または職権で、成年後見監督人を選任することもできる（849条）。

　CASE & Q13では、BはAの1親等の親族であるため後見開始の審判の請求権者に該当する。Bの請求を受けた家庭裁判所は、Aの後見開始の審判をするとともに、BをAの成年後見人に選任している。この審判により、Aは成年被後見人と呼ばれ、行為能力が制限されることとなる。

(b) **成年被後見人の行為能力**　成年被後見人が単独でした法律行為は、原則として、取り消すことができる（9条本文）。成年被後見人が成年後見人の同意を得て行った法律行為であっても、有効とはならない。ただし、日用品の購入その他日常生活に関する行為については、成年被後見人は単独で有効に行うことができ、成年被後見人が単独でした法律行為は、取り消すことはできない（9条但書）。たとえば、スーパーマーケットでの買い物等である。また、婚姻

（738条）のような一定の家族法上の行為も、成年被後見人の意思が重視され、単独で行うことができる。取消権を有するのは、成年被後見人自身と成年後見人である（120条1項）。取り消された法律行為は、その行為の時に遡って、初めから無効であったものとみなされる（121条）。取消しによる成年被後見人の返還義務は、現存利益に限定されている（121条の2第3項。「現に利益を受けている限度」）。

CASE & Q13を考えてみると、成年被後見人であるAがCとの間で締結したリフォーム工事の契約（請負契約）は、Aおよびその成年後見人であるBが、取り消すことができる。CASE & Q13ではBが不在の中、Aが単独で契約しているが、たとえBが同意していたとしても、Aの法律行為は有効とはならない。取り消された場合には、この請負契約が締結された時点に遡って無効となり、この契約は効力を生じなかったものとして扱われる。

(c) **成年後見人の権限および職務**　成年後見人は、成年被後見人がした法律行為の取消権（120条1項）を有する。また、成年後見人は、成年被後見人の財産に関する法律行為について代表（代理）する権限も有している（**法定代理**：859条1項）。ただし、成年被後見人の居住用不動産の処分については、本人の生活に重大な影響を及ぼすため、家庭裁判所の許可を得なければならない（859条の3）。成年後見人の職務は、成年被後見人の生活、療養看護および財産管理に関する事務であり、これらの事務を遂行するにあたり、成年後見人は身上配慮義務を負う（858条。療養看護に関する事務としては、医療契約、介護契約等の締結がある）。すなわち、成年後見人は、成年被後見人の意思を尊重し、かつ、その心身の状態および生活の状況に配慮しなければならない。また、成年被後見人の財産管理については善管注意義務を負う（869条）。

（3）保佐

(a) **保佐の開始**　保佐は、精神上の障害により事理弁識能力が著しく不十分である者（11条）を対象とする。被保佐人には、事理弁識能力が低下して、日常の買い物等は本人自身でできたとしても、銀行との取引や不動産の売買等の重要な法律行為については、援助が必要な者が該当する。

保佐は、本人、配偶者、4親等内の親族、検察官等からの請求を受けた家庭裁判所が保佐開始の審判をすることにより開始する（11条・876条）。市町村長については後見の場合と同様である（老人福祉法32条等）。家庭裁判所は、保佐開

始の審判をするときは、職権で、**保佐人**を選任する（12条・876条の２第１項）。保佐開始の審判を受けた者は、**被保佐人**とし、これに保佐人を付ける（12条）。保佐人の選任は、後見の場合に準ずる（876条の２第２項）。なお、家庭裁判所は、保佐についても、保佐監督人を選任することができ、それは後見の場合と同様である（876条の３第１項）。

(b)　**被保佐人の行為能力**　被保佐人は、民法13条１項各号に該当する行為および同条２項の審判により指定された法律行為については、保佐人の同意を得てしなければならない。被保佐人が保佐人の同意を得ずにした法律行為は、保佐人自身と被保佐人が取り消すことができる（13条４項・120条１項）。取消しの効果や被保佐人の返還義務の範囲については、後見の場合と同様である。保佐人の同意を要する行為について、被保佐人の利益を害するおそれがないにもかかわらず、保佐人が同意しない場合には、家庭裁判所は、被保佐人の請求に基づき、保佐人の同意に代わる許可を与えることができる（13条３項）。

また、必要な場合には、家庭裁判所の審判により、被保佐人のために特定の法律行為について、保佐人に代理権を付与することもできる（876条の４第１項）。この場合に、本人以外の者が請求するときは、本人の同意がなければならない（876条の４第２項）。

（4）補助

(a)　**補助の開始**　補助は、精神上の障害により事理弁識能力が不十分である者（15条１項）を対象とする。補助は、後見や保佐よりも障害の程度が軽微な場合が該当する。

補助は、本人、配偶者、４親等内の親族、検察官等からの請求を受けた家庭裁判所が補助開始の審判をすることにより開始する（15条１項・876条の６）。補助開始の審判を受けた者は、**被補助人**とし、保護者として**補助人**を付ける（16条）。市町村長については後見や保佐の場合と同様である（老人福祉法32条等）。また、補助人の選任は、後見の場合に準じる（876条の７第１項）。なお、上記の点は後見・保佐とほぼ同じであるが、本人以外の者の請求により補助開始の審判をするには、本人の同意が必要となること（15条２項）、また、補助開始の審判は、補助人に権限を与えるための別の審判（同意権付与の審判、代理権付与の審判）とともにしなければならないこと（同条３項）で違いがある。

(b)　**被補助人の行為能力**　被補助人は、民法13条１項各号に該当する行為の

うち、補助人の同意を得なければならない旨の審判がされた法律行為をするには、補助人の同意を得なければならない（17条1項）。補助人の同意を要する行為について、被補助人の利益を害するおそれがないにもかかわらず、補助人が同意しない場合には、家庭裁判所は、被補助人の請求に基づき、補助人の同意に代わる許可を与えることができる（17条3項）。被補助人が、同意を要する法律行為について、同意を得ず、またはそれに代わる許可を得ずにした場合は、補助人自身と被補助人がその行為を取り消すことができる（17条4項・120条1項）。取消しの効果や被補助人の返還義務の範囲は、後見の場合と同様である。

SECTION4　制限行為能力者：未成年者・成年後見制度

SECTION 5　制限行為能力者の相手方の保護

CASE & Q14

17歳のAは、バイクショップBとの間で普通自動二輪車（甲）の売買契約を締結した。
Q１）契約後に、Bは、Aが未成年者であり、甲の購入に関して親の同意を得ていないことを知った。このままでは契約を取り消されるかもしれないと不安に感じている。この場合、Bはどうすればよいか？
Q２）Aが未成年者だと分かったBは、親の同意書の提出を求めた。しかし、Aは、甲の購入を親には秘密にしていたため、親の印鑑を勝手に押して偽造した同意書を提出した。また、Bから「親に電話で確認する」と言われ、Aは友人に電話をし、親になりすましてもらった。これらのAの行動により、BはAを成年者だと信じた。この場合、AはBとの売買契約を取り消すことができるか？

1　相手方の保護の必要性

未成年者や成年被後見人等の制限行為能力者が、行為能力の制限に反する法律行為をした場合、その行為は取消可能である。しかし、そのような制限行為能力者に対する手厚い保護は、取引の相手方に不利益を被らせる可能性がある。そこで、民法は、20条と21条において、制限行為能力者の保護と相手方の利益との調整を図るための規定を置いている。

2　相手方の催告権

未成年者が法定代理人の同意なく行った法律行為が、取り消されるのか、それともそのまま有効とされるのかが分からないと、相手方は法的に不安定な状態に置かれる。そこで、制限行為能力者の相手方には、こうした状況を自ら解消するために**催告権**（20条）が与えられている。これにより、相手方は、制限行為能力者側に対して、1か月以上の期間を定め、その期間内に取消可能な行為を追認するか否かを確答するよう催告することができる。相手方が、①本人の能力制限が解けた後は本人、また②本人の能力制限が解けない間は法定代理人、保佐人または補助人に対して催告をした場合、その者が期間内に確答しなければ、その行為は追認されたものとみなされる（20条1項・2項）。なお、特別の方式を要する行為については、期間内にその方式を具備した旨の通知が発

せられなければ、その行為は取り消されたものとみなされる（20条3項）。また、相手方が本人の能力制限が解けない間に被保佐人や被補助人に対して保佐人や補助人の追認を得るよう催告をした場合に、その者が期間内にその追認を得た旨の通知を発しなければ、その行為は取り消されたものとみなされる（20条4項）。したがって、Ｑ１）において、Ｂは、Ａが未成年者である間は、Ａの法定代理人に対して、またＡが成年に達した場合には、Ａに対して、1か月以上の期間を定めて催告することができ、Ａ側が期間内に何も返答しなければ、追認したものとみなされ、ＡＢ間の売買契約は確定的に有効となる。

3　制限行為能力者による詐術

　制限行為能力者が行為能力者であることを信じさせるため**詐術**を用いて法律行為をした場合には、その行為は取り消すことができなくなる（21条）。詐術とは、自分には行為能力があると信じさせるために嘘をついてだます行為をいう。そのような不誠実な制限行為能力者まで特別に保護する必要はなく、むしろ取引を有効だと信じた相手方を保護すべきだという趣旨により、民法21条が置かれている。Ｑ２）のＡは、Ｂに自分が成年者であると信じさせるために、同意書を偽造し、友人の協力を得てまでだまそうとしていることから、Ａの行為は詐術にあたるといえる。それゆえ、Ａは、制限行為能力者を理由とする取消権を行使することはできず、Ｂとの売買契約は有効となる。

　なお、Ｑ２）において、仮に、Ａが年齢を言わずに売買契約を締結した場合にも、取消権を排除すべき詐術にあたるのであろうか。判例は、単なる黙秘は詐術にあたらないが、他の言動とあいまって相手を誤信させたときには、詐術となる（最判昭44・2・13民集23巻2号291頁）としており、単に年齢を黙っていただけの場合には、Ａの黙秘は詐術にあたらず、ＡはＢとの契約を取り消すことができる余地がある。

CHAPTER 3
法人：自然人以外に人として扱われるものがある？

SECTION 1　法人の意義・設立・機関・消滅

CASE & Q15

　Ａ、Ｂ、Ｃは、法学のオンライン学習サービスの開発・運営を事業として行うために、法人Ｘを設立し、マンションの１室（甲）を購入して事業所を設置した。

　Ｑ１）法人Ｘの設立後、Ａは、個人的に多額の債務を負担するに至っていたが、Ａ個人に対して300万円の貸金債権を有するＤは、甲を差し押さえることができるか？

　Ｑ２）法人Ｘは、ベンチャーキャピタルＥから500万円の融資を受けて事業を行っていたが、オンライン学習サービスの開発・運営がうまくいかず、Ｅから借りた500万円の返済ができなくなった。この場合に、Ｅは、甲を差し押さえることができるか。また、Ｅは、Ｂ個人が所有する土地（乙）を差し押さえることができるか？

1　法人の意義

　CHAPTER 2で学んだ「自然人」以外のもので権利義務の主体となることが認められるものを「**法人**」という。権利義務の主体となる資格を「**法人格**」ということもある。**CASE & Q15**のように、Ａ、Ｂ、Ｃが集まって作った団体が法人格をもつと、法人Ｘは、団体の構成員であるＡ、Ｂ、Ｃとは別の独立した「人」として扱われることになり、Ｘ自身の名前や資格で契約を締結したり、不動産を所有したりすることができるようになる。このように、権利義務の主体となる資格を自然人以外にも認めることによって法律関係を単純化することができる。

2　法人制度の機能

　法人制度を利用すると、法人に帰属する財産と団体の構成員個人に帰属する財産を区別して扱うことができるようになる。**CASE & Q15**では、甲は、法人Ｘの事業所として使用するために購入された、Ｘの所有する不動産である。

　Ｑ１）では、Ａの債権者であるＤは、Ａに対し貸金債権を有しているので、Ａ個人の財産を差し押さえることはできるが、Ｘの財産である甲を差し押さえ

て強制的に債権を回収することはできない。なぜなら、XとAは互いに独立した別個の権利主体であり、Aの債権者Dは、Aとは別の権利主体であるXの財産を差し押さえることができないからである。

Q2では、Xは、Eから事業のために融資を受けているが、この融資における債務者（借主）はXである。このため、Xが500万円の返済ができない場合には、債権者であるEは、Xの財産である甲を差し押さえることができるが、B個人の財産である乙を差し押さえることはできない。共同で事業を行うために500万円を借りたのだから、共同事業のためのXの財産から返済を行うべきであるからである（このように、法人の債務については構成員個人が責任を負うことはないとされているが、このような仕組みがすべての法人に認められているわけではない。持分会社のように法人の債務について構成員が責任を負うものがある（会社法580条1項））。

3　法人の分類

法人には多くの種類があるが、代表的な分類としてはつぎのものがある。

(1) 社団法人と財団法人

人の集まりに法人格を認めたものを社団法人、財産の集合に法人格を認めたものを財団法人という。

(2) 営利法人と非営利法人

法人がいろいろな事業を行い、経済的利益を得ることがある。事業により得た利益を構成員に分配すること（これを「営利」という）を目的とする法人を営利法人といい、その分配をしない法人を非営利法人という。営利法人の代表例が株式会社である。事業によって利益を得ていても、その利益を構成員に分配することを目的としていない法人は非営利法人である。非営利法人のうち、「学術、技芸、慈善、祭祀、宗教その他の公益を目的とする法人」を**公益法人**という（民法33条2項）。また、営利を目的とせず、公益を目的としているわけでもない法人（「中間法人」）もある。

4　法人に関する法制度

法人に関するルールは、もとは民法に定められていたが、2006年の法人に関する法制度の改正によって、法人に関する民法の規定のほとんどが削除され

た。今日では多くの事項が特別法に定められており、民法に定められている事項はわずか（民法33条から37条までの5か条のみ）となっている。**CHAPTER 3**では、非営利法人に関する「一般社団法人及び一般財団法人に関する法律」（以下では「一般法人法」という）に定められているルールをとくに取り上げる（なお、営利法人に関するルールは会社法に定められている）。

5 法人の設立

　人や財産が集まっただけで法人になるわけではなく、法人格を取得するためには法律の定める一定の要件をみたさなければならない（民法33条1項）。このような主義を**法人法定主義**という。

　一般社団法人・一般財団法人は以下にみる一定の要件をみたすと設立が認められる。このように法律の定める要件を具備すれば法人の設立を認める主義を**準則主義**という（これに対して、たとえば、学校法人の設立には、法律の定める要件の具備と主務官庁の認可が必要であるが、このような主義を**認可主義**という）。以下では、一般社団法人に関する制度を中心に取り上げ、これとは異なる点について一般財団法人に関する制度に触れることにする。

　一般社団法人を設立するためには、その社員になろうとする2人以上の者（設立時社員）が共同して**定款**（＝法人の組織や活動について定めた基本的な規則を記載した書面）を作成しなければならない（一般法人法10条1項）。定款は、公証人の認証を受けなければ効力を生じない（一般法人法13条）。定款には、法人の目的、名称、主たる事務所の所在地、設立時社員の氏名または名称および住所、社員の資格の得喪に関する規定、公告方法、事業年度を必ず記載しなければならない（一般法人法11条1項）。これらを**必要的記載事項**という。このほかに、定款の記載事項としては、**相対的記載事項**（「この法律の規定により定款の定めがなければその効力を生じない事項」（一般法人法12条）。たとえば、社員の経費支払義務（一般法人法27条）など）と**任意的記載事項**（「その他の事項でこの法律の規定に違反しないもの」（一般法人法12条））がある。そして、一般社団法人は、**設立の登記**をすることによって成立する（一般法人法22条）。

　一般財団法人を設立するためには、設立者が定款を作成するが、設立者は遺言で設立する意思を表示することもできる（一般法人法152条）。定款の記載事項は、基本的には一般社団法人と同様であるが、社員に関する記載事項がなく、

設立者の氏名または名称および住所、設立に際して設立者が拠出する財産・その価額など一般社団法人の定款にはない必要的記載事項がある（一般法人法153条参照）。

6　法人の組織・管理運営

　法人が設立されても、法人自らが活動することはできないため、活動するための機関が必要である。この機関は自然人により構成されるものである。以下にみるような社員総会や理事等による**機関**により法人は運営される。

　一般社団法人には**社員**（＝社団の構成員）がおり、法人の意思を決定する機関は社員全員から成る**社員総会**（一般法人法35条）である（ここでの社員は法人で働く従業員ではなく社員総会に参加して法人の意思決定を行うことのできる者をいう）。一般社団法人には１人または２人以上の**理事**を置かなければならない（一般法人法60条１項）。一般社団法人では、社員総会と理事を必ず置かなければならない。定款の定めによって、**理事会、監事**または**会計監査人**を置くことができる（同条２項）。一般社団法人には多様な団体があるため、必置の機関が最小限とされ、理事会、監事、会計監査人の設置については各法人の選択に委ねられている。ただし、理事会または会計監査人が置かれる場合には監事を置かなければならない（一般法人法61条）。負債合計額が200億円以上の一般社団法人（＝**大規模一般社団法人**。一般法人法２条２号）は、会計監査人を置かなければならない（一般法人法62条）。

　社員総会の権限は、理事会が設置されているか否かによって異なる。理事会が設置されていない一般社団法人では、社員総会は法人に関する一切の事項について決議することができる（一般法人法35条１項）。理事会設置一般社団法人では、一般法人法に規定する事項と定款で定めた事項についてのみ決議することができる（同条２項）。社員総会は、剰余金を分配する旨の決議をすることはできない（同条３項）。一般社団法人は営利を目的とするものではないからである。また、法人の業務を行う理事の権限も理事会が設置されているか否かにより異なる。理事会非設置一般社団法人においては、定款に別段の定めがない限り、理事が業務を執行し（一般法人法76条１項）、原則として一般社団法人を代表する（一般法人法77条１項本文）。理事会設置一般社団法人では理事は３人以上でなければならず（一般法人法65条３項）、全理事により理事会が構成される（一

般法人法90条1項）。理事会設置一般社団法人では**代表理事**が必ず選任される（同条3項）。その代表理事が法人の業務を執行し（一般法人法91条1項1号）、法人の業務に関する一切の裁判上または裁判外の行為をする権限を有する（一般法人法77条4項）。

一般財団法人は社員がない法人であるので、**評議員**（3人以上）を置き（一般法人法170条・173条3項）、その全員により組織された**評議員会**（一般法人法178条1項）が財団法人の意思決定を行う。一般財団法人では理事は3人以上でなければならず（一般法人法177条〔65条3項準用〕）、その全員からなる理事会が必ず置かれる（一般法人法170条1項）。また、理事の業務執行を監督する監事も置かなければならない（同条同項）。つまり、一般財団法人には評議員、評議員会、理事、理事会、監事が必ず置かれる。

7　法人の消滅

自然人の死亡のように、法人格が消滅し、権利能力を失うことを**解散**という。一般社団法人・一般財団法人に共通の解散事由として、定款で定めた存続期間の満了、定款で定めた解散事由の発生、合併、破産手続開始決定、解散を命ずる裁判がある（一般法人法148条・202条1項）。法人が解散すると、財産の**清算**（＝解散した法人の財産関係を整理する手続）が行われる（一般法人法206条1号）。清算が結了すると法人は消滅する。

SECTION2　法人の対外的法律関係：法人の能力

> **CASE＆Q16**
> 　A、B、Cは、法学のオンライン学習サービスの開発・運営を行っていたが、サービスの利用者が増えてきたことから、本格的にオンライン学習サービスに関する事業を継続するために、株式会社Xを設立し、Aが代表取締役に就任した。
> 　Q1）X社は、Xの取引先であるD社がE銀行から500万円の事業資金の融資を受ける際に、DのEに対する債務を担保するために、X社所有の建物（甲）に抵当権を設定した。その後、D社は赤字が悪化し、Eに500万円の返済ができなくなった。Eによる抵当権の実行に対し、Xは、甲への抵当権の設定がXの目的の範囲外であるから無効であると主張することができるか？
> 　Q2）X社の代表取締役Aは、X社を代表して、政党Fに政治資金として500万円を寄付した。X社の株主Gは、Aに対して、このような政治献金によりX会社に損害を与えたとして賠償を求めることができるか？

1　法人の権利能力

　法人は、自然人と同様に**権利能力**が与えられる。ただし、自然人と全く同じというわけではなく、法人の権利能力には制限が加えられている。

（1）性質による制限

　法人は、自然人ではないから、家族関係の形成に関する権利義務を取得することはない。たとえば、婚姻や養子縁組を行うことや相続人となることがこれにあたる。また、肉体の存在を前提とする生命や身体の自由を基礎とする権利も法人に帰属することはない。

（2）法令による制限

　法人の権利能力は、法令によって制限される。民法34条は、「法人は、法令の規定に従い、……権利を有し、義務を負う」と定めている。例として、法人は一般社団法人の役員や一般財団法人の評議員・役員になることができないこと（一般法人法65条1項1号・173条1項・177条）、株式会社の取締役となることができないこと（会社法331条1項1号）などがある。

（3）目的による制限

　法人は、「定款その他の基本約款で定められた目的の範囲内において、権利

35

を有し、義務を負う」（民法34条）。法人は、定款その他の基本約款で、目的を定めている。たとえば、一般社団法人に関する一般法人法11条1項1号、一般財団法人に関する一般法人法153条1項1号、株式会社に関する会社法27条1号は、目的を定款の必要的記載事項とする。

2　目的による制限

（1）「目的」により制限されるもの

　定款その他の基本約款で定められた法人の目的によって制限されるものは何か。この問題に関する主な見解として、①法人の権利能力が制限されるとする見解（権利能力制限説：見解①）、②法人の代表機関の代表権（代理権）が制限されるとする見解（代表権制限説：見解②）がある。民法34条の文言からは権利能力の制限と解することになりそうである。見解①によれば、目的の範囲外の法律行為がされた場合には、その法律行為は無効となる。このように、目的によって権利能力が制限されるのは、目的の範囲外の行為によって法人が財産を失ったり、義務を負担させられたりすることを防止するためであるとされる。しかし、権利能力の制限であると考えると、法人の相手方が不利益を被るおそれがあり、目的の範囲内の行為であると信じた相手方の信頼を損ない、取引の安全を害するおそれが生じる。また、見解①に対しては、不法行為を目的とする法人は考えられないため、法人の不法行為に関する規定（一般法人法78条・197条）の説明が難しくなるという問題も指摘されている。そこで、法人の取引は理事等の代表機関によって行われるので、法人ができない行為は理事等の代表機関が代理できない行為であると考え、法人の目的は、法人の代表機関の代表権（代理権）を制限するものであるという見解（見解②）が有力に主張されている。見解②によれば、目的の範囲外の法律行為は無権代理行為となり、表見代理が認められる可能性が生じる。判例は、目的による制限を、権利能力を制限するものとしている。

（2）目的の範囲の判断基準

　ある行為が目的の範囲外とされると、その行為の効果は法人に帰属しないことになるから、目的の範囲に含まれるか否かをどのように判断するかが問題となる。

　(a)　**一般的判断基準**　　判例は、目的による制限を権利能力の制限とし、次の

ような一般的な基準により判断されるべきであるとする。①目的の範囲内の行
為とは、定款に明示された目的自体に限られるものではなく、その目的を遂行
する上で直接または間接に必要な行為をすべて含む（最判昭27・2・15民集6巻2
号77頁）。そして、②必要かどうかは、その行為が目的を遂行する上で現実に
必要であつたかどうかによって決めるのではなく、行為の客観的な性質に即し
て抽象的に判断されるべきであるとする（前掲最判昭27・2・15、最判昭30・11・29
民集9巻12号1886頁、最判昭44・4・3民集23巻4号737頁）。判断基準①②は法人全般
に妥当するものと考えられている。ただし、目的により権利能力を制限する
と、法人の取引の相手方の利益が害されるおそれがあることから、判例は「目
的の範囲」を広く解する傾向があるが、具体的な判断は、法人の類型により異
なるといえる。以下では、会社、会社以外の法人の順に判例をみることにする。

　(b)　**会社の場合**　　判例は、営利法人である会社については、目的の範囲を
拡張しており、目的の範囲による制限が存在しないに等しい。定款に定められ
た目的を遂行するために直接または間接に必要な行為が目的の範囲内とされる
が、会社の場合には、(i)目的を遂行するために通常役に立つ行為（たとえば、取
引先の債務の物上保証。最判昭33・3・28民集12巻4号648頁）、(ii)会社を維持するため
に通常役に立つ行為（たとえば、鉄道会社が石炭採掘権を取得すること。大判昭6・
12・17新聞3364号17頁）、(iii)会社に社会通念上期待される行為（たとえば、製鉄会社
が政治献金を行うこと。最大判昭45・6・24民集24巻6号625頁）が目的遂行のために
必要な行為と判断されている。

　Q1）では、Xは、取引先Dが融資を受ける際に、X所有の甲に抵当権を設
定している（他人の債務のために自己の財産に担保を設定することを物上保証という。
Xの抵当権設定は物上保証にあたる。）。これは取引先であるDを援助する行為で
あり、取引先の援助は、通常は法人の目的とする事業にとって役立つ行為であ
ると考えられる。そこで、このような行為は、会社の目的を遂行するために役
立つ行為であり、目的の範囲内とされることになる（上記(i)）。したがって、X
の無効の主張は認められないことになる。

　Q2）では、政治献金を行っている。会社は、一定の営利事業を営むことを
本来の目的とするものであるから、一見したところ定款の定める目的と関係が
ないようにみえるかもしれないが、会社も自然人と同じく社会的実在である以
上、社会的作用を負担せざるを得ない。また、そのような社会的作用に属する

活動をすることは、企業体としての円滑な発展を図るうえに相当の価値と効果を認めることもできる。したがって、会社による政治資金の寄附は、客観的、抽象的に観察して、会社の社会的役割を果たすためになされたものと認められる限り、会社の目的の範囲内の行為であるとされる（上記(iii)）。したがって、Gの請求は認められないことになる。

(c) **会社以外の法人の場合**　　判例は、会社以外の法人に関しては、会社の場合よりも目的の範囲を厳しく判断しているようにみえる。会社以外の法人についても(a)でみた判断基準①②があてはまるとされる。ただ、具体的な判断に際しては、法人の特性が考慮されている。以下、いくつかの判例の判断をみることにする。

　農業協同組合は農業協同組合法で目的とすることのできる事業が定められている（農業組合法10条）。そして、非組合員に対する貸付けは、原則として目的の範囲外である。しかし、このような農業協同組合が経済的基盤を確立するためにリンゴの委託販売を行うことを計画し、非組合員であるリンゴの移出業者に資金を貸し付けた行為は目的の範囲内とされた（最判昭33・9・18民集12巻13号2027頁）。他方、農業協同組合の代表理事が自分が関係している建設会社に貸付けを行った行為について、判例は目的の範囲外と判断した（最判昭41・4・26民集20巻4号849頁）。また、労働金庫が非組合員に資金を貸し付けた行為を目的の範囲外とした判例もある（最判昭41・7・4民集23巻8号1347頁）。員外貸付（組合員以外の者に対する金銭の貸付）は定款の定める目的の範囲外であると考えられるが、行為の必要性が実質的に判断されていると考えられる。

　また、ある税理士会が税理士法の改正に関する政治的要求を実現するために、特定の政治団体に寄付をする目的でした特別会費徴収決議は、税理士会の目的の範囲外の行為であるとされた（最判平8・3・19民集50巻3号615頁）。判例は、このような判断がされる理由として、税理士会が公的な性格を有する法人であること、税理士会は強制加入団体（税理士として活動するためには必ず加入しなければならない団体）であり、会員の思想・信条の自由との関係で会員に要請される協力義務に限界があることなどを挙げる。また、群馬司法書士会が阪神・淡路大震災により被災した兵庫県司法書士会に復興支援拠出金を寄付することは目的の範囲内であるとされた（最判平14・4・25判時1785号31頁）。その理由として、司法書士会が「司法書士の品位を保持し、その業務の改善進歩を図る

ため、会員の指導及び連絡に関する事務を行うことを目的とするものであ」り
（司法書士法14条２項）、「その目的を遂行する上で直接又は間接に必要な範囲
で、他の司法書士会との間で業務その他について提携、協力、援助等をするこ
ともその活動範囲に含まれる」ことが挙げられている。

SECTION2　法人の対外的法律関係：：法人の能力

SECTION 3 　法人の対外的法律関係：理事の代表権・法人の不法行為責任

> ## CASE & Q17
>
> 　Xは、食や健康に関する商品の開発及び販売を行うことを目的とする一般社団法人であり、理事会を設置して、Aを代表理事とした。不動産業者Bは、代表理事Aに対してXの所有する不動産（甲）を買い受けたいと申し入れた。Xの定款では、Xが不動産の取得や処分を行うためには理事会の決議が必要であるとされていたが、Aは、理事会の決議を経ずに甲をBに売却した。
>
> 　Q1）Bは、Xの定款を読んだことがなかった。その後、Bは、Xに対し、代金の支払と引換えに甲の引渡しを請求した。Xは、理事会の決議がないことを理由に、Bの請求を拒否することができるか？
>
> 　Q2）Bは、Xの定款による代理権の制限を知っていたが、AがBに対して理事会の承認決議があったとして理事会の議事録を提示したので、Bが理事会の承認を得られたものと考えて売買契約を締結したとする。この議事録がAにより偽造されたものであった場合に、Bはどのような主張をすることが考えられるか？
>
> 　Q3）Aは、執務時間中に、Xの事務局に勤務しているCを理事長室に呼びつけ、人格を否定する発言等を繰り返すなどの悪質なハラスメント行為を繰り返した。Cは、Xに対して、不法行為による損害賠償を請求することができるか？

1　代表者による取引行為

　法人には権利能力があり、権利を取得し、義務を負担することができるといっても、自らなんらかの行為をすることができるわけではない。法人が権利能力の範囲で権利・義務の主体となるためには、法人の代表者の行為が必要となる。一般社団法人または一般財団法人では理事、株式会社では取締役が法人の行為を行うことになる。**SECTION 3**では、一般社団法人・一般財団法人を取り上げるものとする。

（1）代表権（代理権）の範囲

　法人の代表者は、法人の事務のすべてについて権限を有する（一般法人法77条1項および4項・197条）。理事は法人を「**代表**」するとされている（一般法人法77条1項）が、ここでの「代表」とは、理事がした行為の効果が法人に生じることであり、実質は「代理」と同じであるとされる。そこで、代表者は法人の法律行為について包括的な代理権を与えられていることになる。

理事会を設置した理事会設置一般社団法人と一般財団法人（一般財団法人では理事会を置かなければならない）では、理事会で選任された代表理事のみが代表権をもつことになる。理事会非設置一般社団法人では理事は一般社団法人を代表する（一般法人法77条1項本文）。理事が2人以上ある場合は、各理事が一般社団法人を代表する（同条2項）。また、定款、定款の定めに基づく理事の互選または社員総会の決議によって、理事の中から代表理事を定めることができる（同条3項）。代表理事は、法人の業務に関する一切の裁判上または裁判外の行為をする権限を有する（同条4項）。

（2）代表者の代理権の制限

代表者の代理権が制限されることがある。定款や社員総会等の決議によって制限される場合や法令によって制限される場合等がある。

(a) **定款等による代理権の制限**　　法人は、定款や社員総会の決議により代表者の代理権に制限を加えることができる。例として、ある行為をするには理事会の決議が必要であると定めることで、代表者の代理権を制限することがある。法人と理事との関係については委任に関する規定が適用される（一般法人法64条。なお、委任については民法642条参照）。理事は制限された行為については代理権を有しないので、理事が制限に反して法人のために行った行為は無権代理行為となる。

定款等により理事の代表権が制限されている場合に、そのような制限がないと信じて取引をした相手方をどのように保護するかが問題となる。一般法人法77条5項は代表理事の権限に制限を加えても「善意の第三者に対抗することができない」と定める。ここでの「**善意**」は、代理権に制限が加えられていることを知らないことをいう。たとえば、定款の規定や社員総会の決議により理事の代表権に制限が加えられていることを知らないことである。さらに、問題となるのは、たとえば、相手方が、理事会の決議が必要であるという代表権の制限を知っていたが、理事会の決議があったと信じている場合に相手方をどのように保護するかである。このような場合には、相手方は、一般法人法77条5項の善意であるとはいえないが、このような場合にも相手方を保護する必要があると考えられる。判例は、相手方が理事の代表権に制限があることを知っていても、理事会の決議があったと信じたことについて**正当な理由**があるときには、民法110条を類推して相手方を保護すべきであるとする（改正前の民法54条

に関するものであるが、最判昭60・11・29民集39巻 7 号1760頁参照）。また、相手方に過失があるとして民法110条の類推が認められない（**表見代理が成立しない**）ことがありうるが、その場合には代表理事の不法行為について法人の責任を定める一般法人法78条の適用が問題となる（なお、表見代理については**CHAPTER 8 SECTION 4**を参照）。

Q 1 ）では、 B は、 X の定款を知らず、 X が不動産の取得や処分を行うためには理事会の決議が必要であることを知らずに取引を行っている。このため、Bは、善意の第三者であるとして一般法人法77条 5 条により保護されることになる。したがって、Xは、Bの請求を拒むことはできない。

Q 2 ）では、 B は定款による理事の代表権の制限を知っていたため、一般法人法77条 5 項により保護されることはない。しかし、Aが理事会の決議があった旨の議事録を提示していることから、BがAの代理権を信じたことについて正当な理由があると認められる場合には、Bは、民法110条の類推によって、Xに対して売買契約の効果を主張しうる。

ところで、理事会設置一般社団法人および一般財団法人では、重要な財産の譲受け、多額の借財などの重要な業務の執行の決定を理事に委任することができず、理事会が決定することとしている（一般法人法90条 4 項・197条）。そこで、**CASE ＆ Q17**の甲が一般法人法90条 4 項の「重要な財産」にあたる場合には、Aの代表行為の効果がどうなるかが問題となる。（類似の問題に関する）従来の判例によれば、代表者が決議を経ずに取引を行った場合でも、内部的な意思決定を欠くに過ぎないから原則として有効であり、ただし、相手方が決議を経ていないことを知りまたは知ることができたときに限り有効であることになる（株式会社に関する最判昭40・9・22民集19巻 6 号1656頁）。この判例によると、相手方Bは、決議がないことについて善意であるだけでは保護されず、保護されるためには無過失であることが必要である（一般法人法77条 5 項は適用されない）。

(b) **利益相反取引についての代理権の制限**　　理事は、①理事が自己又は第三者のために一般社団法人と取引をしようとするとき（一般法人法84条 1 項 2 号）、②一般社団法人が理事の債務を保証することその他理事以外の者との間において一般社団法人と当該理事との利益が相反する取引をしようとするとき（同条同項 3 号）には、社員総会（理事会非設置社団法人の場合。一般法人法84条 1 項）または理事会（理事会設置一般社団法人の場合。一般法人法92条 1 項）の承認を得なけれ

ばならない（一般法人法84条1項）。理事が必要な承認を得ずに利益相反取引（①②）を行ったときには、理事の代理権の制限に反する代理行為となり、無権代理行為であるとするのが一般的な考え方であるとされている（自己契約・双方代理に関する民法108条参照）。

2　法人の不法行為責任

（1）法人の不法行為

　法人がその活動に際し、不法行為を行って他人に損害を発生させたとして、不法行為責任を負うことがある。そのような場合として、法人自体が（構成員の不法行為を介さずに）直接に不法行為責任を負う場合と法人が代表者や被用者など他人の不法行為について不法行為責任を負う場合とがある。ここでは、一般法人法の定める代表理事等の行為による法人の不法行為責任を取り上げる。

（2）代表理事等の行為による法人の不法行為責任

　法人は、「代表理事その他の代表者」が「その職務を行うについて」第三者に加えた損害を賠償する責任を負う（一般法人法78条・197条）。この責任は、被用者の不法行為について使用者が負う責任（使用者責任。民法715条）と同じように他人の行為についての責任と考えられる。

　この責任の要件は、①「代表理事その他の代表者」の加害行為であること、②代表理事等が「その職務を行うについて」他人に損害を加えたこと、③代表理事等の行為が一般的不法行為の成立要件（民法709条の定める要件）をみたしていることである。要件①の「代表理事その他の代表者」とは、代表理事、一時代表理事の職務を行うべき者（一般法人法79条2項）、代表理事の職務を代行する者（一般法人法80条）などの法人の代表機関のことである。法人の被用者はこれに含まれない。被用者の不法行為については、法人は民法715条により責任を負うことになる。要件②については、代表理事等の行為がその職務と関連して行われたものであるかどうかが基準となる。一般法人法78条の「職務を行うについて」と民法715条1項の「事業の執行について」とは同意義のものであると解されているので、民法715条に関する判例の判断基準を参考に判断されることになる。この判断基準は、取引的不法行為と事実的不法行為の場合では異なる。代表理事等が法人のために取引行為を行い、その行為により相手方に損害が生じた場合（取引的不法行為の場合）には、判例は、相手方が行為の外形か

らみて代表理事等の行為がその職務に属するものではないことを知っていた
か、重大な過失によって知らなかったときには、法人は損害賠償責任を負わな
いとする（最判昭50・7・14民集29巻6号1012頁）。職務の執行という外形に対する
相手方の信頼を保護する考え方に立つものである（外形理論）。

　これに対して、代表理事等が事実行為によって他人に損害を与えた場合（事
実的不法行為の場合）には、その代表理事等の行為が職務に関連して行われたか
どうかを基準として判断されることになる。

　Q3）では、AのCに対するハラスメント行為については職務との関連性が
あるから、Xの不法行為責任が認められ、Cは、Xに対し損害賠償を請求する
ことができる（なお、Aは、民法709条に基づき不法行為責任を負う）。

SECTION 4　権利能力なき社団

> **CASE & Q18**
> 　Xは、K大学の卒業生1万人によって構成されている同窓会である。Xの会則において、Xは会員の親睦を目的とする行事等を行う団体とされ、年1回の総会を開催して、会長、副会長等の役員の選出、予算や決算の承認、その他の重要事項の決定を会員の多数決により決定することや、同窓会の運営に関する行為は、会長が代表として行うことが定められていた。
> 　Q1) Xの会長Aは、Xを代表して、Bレストランに依頼して親睦会を開催した。Aが親睦会の開催費用を支払わないので、Bは、Xの会員の1人であるCに費用の支払いを求めた。このようなBの請求は認められるか？
> 　Q2) Xは、同窓会の会館として利用するために、建物（甲）を取得した。甲の登記をX名義ですることができるか？

1　権利能力なき社団とは何か

　人が集まり、団体が存在するというだけで、**法人格**が認められるわけではない。法人は、法律の定める一定の要件をみたす必要があるからである（民法33条1項）。そこで、団体としての実体があるものの法人格を取得していない（法人としては認められない）団体が存在することがある。このような団体は、法人格を取得していないので権利・義務の主体となる地位を認めることはできない。しかし、法人としての実質を備えている団体については、できる限り法人と同様の扱いをすることが有用と考えられる場合もある。このように、法人と同様の団体としての実体を有するが、法人格を有しない団体のことを「**権利能力なき社団**」（「法人格なき社団」ともいわれる）という。判例は、法人格を認められている団体と同様の実体があり、法人格のある団体と同様の扱いをする団体とはどのようなものか（権利能力なき社団の要件の問題）、そして、そのような団体についてどのような法律関係が認められるか（権利能力なき社団の効果の問題）を明らかにしてきている。

2　権利能力なき社団の要件

　判例によれば、権利能力なき社団と認められるためには、次の要件をみたさ

なければならない（最判昭39・10・15民集18巻 8 号1671頁）。

　①団体としての組織を備えていること

　②多数決の原則が行われていること

　③構成員の変更にもかかわらず団体そのものが存続していること

　④その組織によって代表の方法、総会の運営、財産の管理その他団体として
　　の主要な点が確定していること

　CASE＆Q18のXは、年 1 回の総会を開催して、会長、副会長等の役員の選出、予算や決算の承認、その他の重要事項の決定を会員の多数決により決定することや、同窓会の運営に関する行為は会長が代表として行うことなどを定めているから、要件①、②、④をみたしていると考えられる。また、Xは、大学の同窓会であり、構成員である会員が変更することはありうるが、組織として存続すると解されるから、要件③もみたすことになる。したがって、Xは、権利能力なき社団にあたると考えられる。

3　権利能力なき社団の効果

　権利能力なき社団であるとされると、判例によれば、つぎのような効果が認められることになる。

（1）権利能力なき社団の財産の帰属

　権利能力なき社団の財産は「構成員に総有的に帰属する」とされる（前掲最判昭39・10・15）。権利能力なき社団は、法人格を有しないので、社団の財産は全構成員の共同所有となるが、このときの共同所有形態が**総有**といわれるものである。総有は、共同所有者が一体となって団体を構成し、実質的にその団体が財産を所有しているといえるような共同所有形態のことをいう。そこで、権利能力なき社団の構成員は、権利能力なき社団の財産（構成員全員の財産）につき、持分を有しないし、分割請求権も有しない（最判昭32・11・14民集11巻12号1943頁）。権利能力なき社団の財産は構成員の総有であって持分が観念できないということになるため、構成員による持分の処分も認められないことになる。また、構成員個人に債権を有する債権者が構成員の持分に差押えをするといったことも考えられないことになる。

（2）対外的な法律関係の形成

　権利能力なき社団として認められるためには、団体としての組織を備え、代

表者が存在することが前提となる（要件①～④参照）。そうすると、法人の対外的な行為は、代表者が権利能力なき社団の名において行うことになる。判例（前掲最判昭39・10・15）は、「その代表者によつてその社団の名において構成員全体のため権利を取得し、義務を負担する」とする。

（3）権利能力なき社団の債務と構成員の責任

　判例によれば、「権利能力なき社団の代表者が社団の名においてした取引上の債務は、その社団の構成員全員に、一個の義務として総有的に帰属するとともに、社団の総有財産だけがその責任財産となり、構成員各自は、取引の相手方に対し、直接には個人的債務ないし責任を負わない」（最判昭48・10・9民集27巻9号1129頁）。権利能力なき社団の債務が構成員全員に総有的に帰属するとの考え方からは、構成員の（債務の）持分も観念できないから、構成員個人が直接に債務や責任を負うことはないことになる。これは、一般社団法人と同様に、構成員の**有限責任**（団体の債権者に対して直接責任を負わないこと）を認めることを意味する。

　しかし、権利能力なき社団の債務につき構成員個人が責任を負担するかどうかについては、団体の性格によるとする見解が主張されている。そのような見解のうち、営利性を基準とする見解が有力であるとされる。この見解によれば、権利能力なき社団が営利を目的としない団体である場合には構成員の有限責任が認められるが、営利を目的とする団体である場合にはこれを認めることができないことになる。このように考える理由は次のようなものである。非営利団体では構成員は持分の払戻しを受けることはなく、利益が分配されることもないので、団体の財産と構成員個人の財産が分別されているといえるが、営利団体では利益が構成員に分配されたり、脱退に際して持分の払戻しがされたりするので、団体財産と構成員の個人の財産が完全に分別されているとはいえない。したがって、団体債権者の保護を考えると、営利を目的とする権利能力なき社団の構成員には有限責任が認められないと考えられる（営利法人である持分会社では法人の債務について構成員個人が責任を負うことがある（会社法580条1項））。

　Q1）では、Xの会長Aは、懇親会を開催するために、権利能力なき社団であるXを代表してBと契約を行っている。そこで、判例によれば、この開催費用の支払債務は、Xの「構成員全員に、一個の義務として総有的に帰属する」ことになり、構成員各自が個人的に負担することはない。したがって、Xの会

員Cが個人的に債務を負担することはないので、BのCに対する請求は認められない。権利能力なき社団の債務につき構成員個人が責任を負担するかどうかについて、営利性を基準として判断する見解に立つ場合でも、Xは非営利団体であるため、会員（構成員）であるCは、Bに対して責任を負わないと考えられることになる。

（4）権利能力なき社団の財産の公示

　権利能力なき社団が不動産を所有する場合、この不動産について権利能力なき社団の名義で登記をすることはできない（法人であれば法人名義で登記することが可能である）。権利能力なき社団が権利・義務の主体であるわけではないからである。権利能力なき社団の財産が構成員全員に総有的に帰属することから構成員全員の名で登記をすることが考えられるが、構成員が多数であったり、変動が予定されていたりする場合には、そのような登記は難しいと考えられる。そこで、権利能力なき社団の有する不動産については、代表者の個人名義による登記をすることができるとされている（最判昭47・6・2民集26巻5号957頁）。しかし、そうすると、代表者個人が不正な処分を行ったり、代表者個人の債権者が権利能力なき社団の財産である不動産を差し押さえたりする可能性が生じる。そこで、「X社団代表者A」というような肩書つきの登記ができないかが問題とされたが（このような登記名義であればAの個人財産でないことが明らかとなる）、判例は、このような肩書つきの登記も否定している（前掲最判昭47・6・2）。登記官には実質的審査権限がなく、権利能力なき社団の実体があるかどうか判断することができないし、肩書つきの登記を認める場合には強制執行を免れる目的などで悪用されるおそれがある。このため、肩書つきの登記を認めることができないとされる。

　代表者が交代した場合には、新代表者名義の登記に変更する必要があるが、新代表者は、旧代表者に対して登記名義の移転を請求できる（前掲最判昭47・6・2）。また、権利能力なき社団自身が原告となって、社団の代表者の個人名義に所有権移転登記手続をすることを求めることも認められている（最判平26・2・27民集68巻2号192頁）。

　Q2）では、甲は、権利能力なき社団であるXの財産であるが、甲の登記をX名義ですることはできない。そこで、甲については、Xの代表者Aの個人名義で登記をすることになる。

なお、預貯金の口座名義については、実務の慣行上、肩書つきの名義が認められている。

（5）訴訟上の当事者能力

　権利能力なき社団が訴訟において当事者となることができるかが問題となる。民事訴訟法29条は、「法人でない社団又は財団で代表者又は管理人の定めがあるものは、その名において訴え、又は訴えられることができる」と定めている。そこで、権利能力なき社団であっても代表者の定めがあれば、社団の名で訴え、または訴えられることができる。

CHAPTER 4
物：民法で「物」といわれるのはどのようなもの？

CASE & Q19

Q1）Aは、土地（甲）を所有し、その上に建物（乙）を所有している。Aは、Bから1000万円を借りた。この際に、Bは、Aに対する貸金債権を担保するために甲に抵当権を設定し、抵当権設定登記をした。この抵当権の効力は、乙に及ぶか？

Q2）Aの所有している土地（甲）上には樹木と石灯籠がある。Aは、（甲土地の所有権をBに売却することなく）甲土地上に存在している樹木（植えられたままの状態）と石灯籠をBに売却することができるか？

Q3）Aは、建物（丙）を所有し、1か月分の賃料を10万円として、Bに賃貸していた。Aは、丙をCに贈与し、9月16日に、丙の所有権はCに移転した。この場合に、9月分の賃料は誰に帰属するのか？

1　権利の客体

　民法は、物権と債権とを区別して規定している。物権も債権も権利であるから、権利を行使する主体がある。そして、その権利の対象となるものがあるが、それが権利の客体である。民法は、第1編「総則」編の第2章および第3章に、権利の主体である「人」および「法人」を定め、これらに続く第4章に権利の客体として「物」に関する規定を置いている。権利の客体となるのは「物」に限られるわけではないが、総則編には、物権の対象となる「物」に関する規定が置かれている。

2　「物」の意義

　民法において、「**物**」とは、**有体物**をいう（85条）。有体物とは、物理的に空間の一部を占めて有形的な存在をもつものであり、液体・気体・固体のことであるとされる。物権の対象となるという観点からは、独立した物理的存在であり、人が支配できるものでなければならないことになる。

　物は、いろいろな視点から分類されうるが、ここでは、総則に規定されている不動産と動産（86条）、主物と従物（87条）、元物と果実（88条）を取り上げる。

3　物の種類

(1) 不動産と動産

　物は、不動産と動産に分けられる（86条）。不動産と動産では異なるルールが適用されることがあるため、重要な分類である。たとえば、物権変動があった場合の対抗要件が不動産と動産では異なる（公示方法の違い。177条・178条参照）。また、動産については善意取得（192条）の適用があるが、不動産では認められない（公信の原則の有無）等の違いがある。

　(a)　**不動産**　　**不動産**とは、**土地およびその定着物**である（86条1項）。土地は、地表面やその地中にある土砂等によって成り立っている。土地は人為的に区分され、不動産登記制度では「一筆」という区分により画されている。土地の上に、建物、樹木、石灯籠などが存在する場合に、これらの物が土地の定着物にあたるかが問題とされる。定着物とは、土地に直接または間接に固定され、取引観念上継続的に土地に付着して使用されるものであるとされる。しかし、86条1項は、土地のほかに不動産となるのが定着物であることを示しているだけで、その定着物が土地の所有権とは別の所有権の対象となるかについて示すものではない。たとえば、石垣や溝渠などのように土地に固定され、土地に固定したまま継続的に使用されるものが定着物にあたるが、これらは土地の一部と解されている。

　他方、定着物には、土地とは別個の不動産とされるものがある。建物は、土地の定着物である。しかし、建物は、常に土地とは別個独立の不動産である（370条本文はこのことを前提とする）。建築途中の建物は、独立に雨風をしのげる程度に、屋根および周壁を有し、一個の建造物として存在するに至れば建物として独立の不動産となる（大判昭10・10・1民集14巻1671頁）。

　樹木は、土地の定着物であり、一定の独立性があるが、土地に付合することで土地の所有権に吸収される（242条）。ただし、樹木は、立木（一筆の土地の全体または一部分に成立している樹木の集団）にあたるものが「立木ニ関スル法律」（立木法）によって登記されると、土地とは別個の不動産として扱われる（立木法2条1項）。立木登記がされた立木の所有者は、立木のみを譲渡し、または抵当権の目的とすることができる（同条2項）。立木登記がされていない立木は、土地の一部として扱われるが、そのような立木であっても**明認方法**（樹木の幹

に所有者を墨書したり、立て札を立てたりすることにより所有者を公示する方法。慣習上の公示方法である）をほどこすことにより、土地とは別個の物として取引の対象とすることが認められている。

(b) **動産**　　**動産**とは、不動産以外の物すべてである（86条2項）。したがって、土地とその定着物にあたらない物は、すべて動産である。

Q1）では、抵当権の対象となっているのは甲（土地）のみである。乙（建物は）、甲（土地）と別個の不動産であるから、甲（土地）上の抵当権の効力は、甲土地上に存在する乙（建物）に及ばない（民法370条本文）。

Q2）では、Aの所有する甲（土地）上に存在する樹木は、土地の定着物として土地の一部として扱われる場合には、甲土地とは別に樹木のみをBに売却することはできないことになりそうである。しかし、樹木は当事者の意思によって土地とは別個の物として扱うことができるものであり、樹木のみをBに譲渡することは可能である。ただし、その後、第三者がAから甲を樹木も含めて譲り受けた場合には、Bは、明認方法がなければ、その第三者に対して樹木の所有権を主張することができない。立木登記がされた立木や明認方法により公示された立木は、土地とは独立した物として譲渡することができる。そこで、このような場合には、Aは、樹木のみをBに売却することができる。これに対して、石灯籠は、簡単に移動させることができ、継続的に土地に付着して使用されるものではないので、定着物にはあたらず、動産であると解されている。したがって、**Q2）**の石灯籠は、独立の動産として扱われるから、石灯籠のみをBに売却することは可能である。

（2）主物と従物

(a) **主物と従物の意義**　　複数の物の間に、一方が他方の経済的な効用を補う関係がある場合には、これらの物を同じ法的な運命に従わせることが合理的である。このような関係にある物のうち、補われている物を「**主物**」、補う物を「**従物**」という。

　民法87条1項は、「物の所有者が、その物の常用に供するため、自己の所有に属する他の物をこれに附属させたときは、その附属させた物を従物とする」と定める。そして、「従物は、主物の処分に従う」（87条2項）。例として、建物（主物）と畳（従物）、建物（主物）とエアコン（従物）、土地（主物）と土地から分離できる庭石（従物）（最判昭44・3・28民集23巻3号699頁）、ガソリンスタンドの建物

（主物）とその建物のある敷地に設置された地下タンク（従物）（最判平2・4・19判時1354号80頁）がある。

(b) **従物と認められるための要件**　判例・通説によれば、主物・従物の関係が認められるためには次の要件がみたされなければならない。

①主物も従物も独立した物であること

②従物は、主物の「常用に供する」（＝継続して経済的な効用を補う）ものであること

③主物と従物との間に場所的近接性があること

④主物・従物が同一の所有者に帰属すること

(c) **主物の処分と従物の法的運命**　従物は、主物の「処分」に従う（87条2項）。たとえば、主物が譲渡されると、従物の所有権も移転することになる。つまり、従物は主物と法的運命を共にすることになる。87条2項は、当事者の意思を推定した規定であり、当事者がこれと異なる意思表示をすることは可能である。

(d) **従たる権利**　主物と従物と同様の関係が、物と権利の間にも認められる（87条2項の類推適用）。借地上の建物が譲渡されると、建物の所有権とともに借地権が移転する（最判昭47・3・9民集26巻2号213頁）。また、土地賃借人の所有する地上建物に設定された抵当権の実行により、買受人が建物の所有権を取得した場合には、建物の所有に必要な敷地の賃借権も買受人に移転する（つまり、建物に設定された抵当権の効力は、敷地の賃借権に及ぶ。最判昭40・5・4民集19巻4号811頁）。

（3）元物と果実

(a) **元物と果実の意義**　物から生み出される経済的収益を**果実**といい、果実を生み出す物を**元物**という。果実の意味・範囲や果実の収益権者について民法は規定を設けている。

(b) **天然果実**　天然果実とは、物の用法に従い収取する**産出物**のことをいう（88条1項）。果物、動物の子、畑の野菜などが天然果実である。天然果実は、その元物から分離する時に、これを収取する権利を有する者に帰属する（89条1項）。収取する権利を有する者は、物権法の規定や契約によって決まる。

(c) **法定果実**　法定果実とは、物の使用の対価として受けるべき金銭その他の物のことをいう（88条2項）。不動産の利用の対価としての地代や賃料など

がこれにあたる。利息も法定果実として扱われる。法定果実は、これを収取する権利の存続期間に応じて、日割計算によりこれを取得する（89条2項）。たとえば、賃貸建物が譲渡され、所有者の変更があった場合には、賃料は、所有権の存続期間に応じて日割計算で新旧所有者に分配されることになる。**Q3）では、ＡＢ間に特約がなければ、9月分の賃料の弁済期は、9月30日に到来する（614条）。9月16日に、乙の所有権が移転しているので、日割計算によって、賃料はＡとＣに半分ずつ帰属することになる。**

(d) **使用利益**　　元物そのものの利用による利益を**使用利益**という。たとえば、建物に居住する利益がこれにあたる。物が無権限者によって使用された場合（Ａの所有する建物が無権限のＤに勝手に使用された場合）に、物の所有者（Ａ）は無権限者（Ｄ）に対して、物の使用利益を不当利得として返還請求することができる。このとき、返還の対象となる物の使用利益は、賃料相当額を基準として算定されるが、賃料相当額は、「物の使用の対価として受けるべき金銭」ではないから法定果実ではない。しかし、法定果実に類似するので、果実の収取権や返還義務に関する規定（89条2項・189条・190条）が類推適用されるべきものと考えられている（大判大14・1・20民集4巻1頁）。

CHAPTER 5
法律行為：なぜ法律行為という概念があるの？

SECTION 1　法律行為の解釈

CASE & Q20

売主Aは、買主Bに対して、鉛筆1ダース（1ダース＝12本）を1000円で売る旨を告げ、Bはこれを承諾した。以下の場合に、契約はどのような内容で成立するか？

Q1）Aは1ダース＝10本であると考えていたが、Bは正しく1ダース＝12本であると考えていた場合

Q2）AもBも1ダース＝10本であると誤解していた場合

Q3）Bは1ダース＝24本と誤解していた場合

1　法律行為

　法律行為は、1つまたは複数の意思表示から構成される**法律要件**（権利義務の発生・変更・消滅（これらをまとめて「変動」という）の原因となる事実）の1つである。民法は、自己の意思によって自由に法律関係を形成することができる、**私的自治の原則**を前提としている。意思表示に基づき成立する法律行為は、その自由を実現するための制度と理解されている。

　法律行為には、単独行為（例：遺言）、契約、合同行為（例：社団の設立）がある。

　法律行為は、意思表示を要素として構成され、当事者の意思表示どおりの法律効果（権利義務の変動）が生ずる。そのためには、「有効な」意思表示によって（意思表示については、**CASE & Q22**参照）、当事者が何を意思表示したのか、その内容を確定する必要がある。当事者のした意思表示に不明確な部分がある場合のように、法律行為の内容を明らかにする作業を「法律行為の解釈」と呼んでいる。意思表示の解釈が基礎となる。

2　法律行為の解釈

　法律行為の解釈は、原則として、当事者が意思表示において用いた表現がもつ客観的な意味、社会一般に理解されている意味に従う（客観的解釈）。これ

は、取引安全の保護、相手方の信頼の保護、表意者（意思表示をした者）の帰責性を重視する。

　しかし、このような客観的解釈をそのまま適用すると問題が生ずる。それは、当事者が表現した客観的意味とは異なるものの、当事者間に共通して考えていた理解が存在する場合（Q2）である。仮に、客観的解釈をそのままQ2）に適用すれば、当事者が共通している理解（1ダース＝10本）よりも客観的な意味（1ダース＝12本）が優先され、ＡＢ間では「鉛筆12本を1000円で売買する」契約が成立することになる。これではＡＢが一致した意思（鉛筆10本を1000円で売買する）に反する契約の成立を認めることになる。意思表示が、当事者の望む内容の法律関係を形成するためのものと考えると、このような結果は問題となる。そこで、当事者が理解していた意味が客観的意味とは異なるときでも、当事者の理解を優先しても支障のない場合には、当事者が共通して考えていた意味をもって法律行為の内容となる。客観的解釈を優先するか、当事者の共通の理解を優先するかは、個別の判断となるが、社会における客観的な意味を原則としつつ、当事者間の事情や取引慣行を考慮して、どちらが合理的か、正当性があるかを判断し、その内容の意思表示をしたと解釈することになる。

　Q1）では、Ａが「1ダース＝10本」と誤解しており、客観的解釈に基づき、社会一般に使われている「1ダース＝12本」の意味に正当性があることから、「鉛筆12本を1000円で売買する」契約が成立する。Ａの意思表示は錯誤の問題（CASE＆Q26参照）として扱われる。

　Q2）では、ＡＢが「1ダース＝10本」と共通して理解しており、鉛筆10本を1000円で売買することで意思表示は一致している。したがって、ＡＢ間で「鉛筆10本を1000円で売買する」契約が成立する。

　Q3）では、客観的意味は「1ダース＝12本」であるが、ＡＢ双方が別々の意味で理解している。双方の意思表示は異なっており、意思表示が合致しているとはいえないため、契約は不成立となる。

3　内容の補充、補充的解釈

　上記の法律行為の解釈によっても、当事者の法律行為の内容に不明確な部分がある場合には、任意規定や慣習による内容の補充、法律行為の趣旨から内容を補充する解釈（補充的解釈）が認められている。

SECTION 2　法律行為の有効性

> **CASE & Q21**
> Aは、Bとの不倫関係を継続することを目的として、Bに対して、建物（甲）を与え、名義をBとした。後日、AとBの仲が険悪なものとなったため、AはBに対して、甲を返還するよう求めた。Aの請求は認められるだろうか？

1　法律行為の有効要件

　法律行為の内容が確定し、かつ意思表示の有効性に問題がない（**CASE & Q22**参照）ときでも、その内容自体に問題がある場合には、法律行為は無効となる。

(1) 法律行為の内容が強行法規に反する場合

　通説によれば、民法91条により、強行法規に反する法律行為は無効となる。民法91条は「公の秩序に関しない規定」と異なる意思が表示されたときは、その意思に従うとされ、その意思が優先されることが明記されている。法律と異なる合意で法律の規定を排除することができる（合意を有効とする）、法規定よりも当事者の合意が優先される「公の秩序に関しない規定」は**任意規定**と呼ばれる。逆に、排除できない（合意が無効となる）、当事者の合意よりも法規定が優先される「公の秩序に関する規定」は**強行規定**と呼ばれている。

　両者の区別は、①明文でその旨が定められている場合、たとえば、ある規定と異なる内容の合意をした場合に、当該規定によってその合意の効力が否定される場合は、その規定は強行規定と解される。また、②①のように明確に定めていない場合でも、その規定の趣旨（目的）から強行規定と解されるものがある。民法典では、一般的に、総則・物権・親族・相続に関する規定は強行規定が多く、債権に関する規定は任意規定が多いとされる。

　また、公法（行政法）上の規定から法律行為の内容が規制される**取締規定（法規）**と呼ばれるものがある。たとえば、食品衛生法、宅建業法などがある。このような取締法規に違反した法律行為の効力については、以下のように考えられている。取締法規に違反したことをもって、直ちに法律行為は無効とならない。取締法規違反が法律行為に影響があるか否かを区別する。区別する基準として、①取締法規の目的（法律行為を無効としないと、取締法規の目的を達成できな

いか）、②違反行為の非難の度合い（法律行為が社会的に非難される度合いが高い
か）、③当事者間の信義や公正（無効とすることで当事者間に不公正が生じないか）、
④取引の安全（無効とすることで、違反行為をした当事者の取引相手方の利益を害さ
ないか）が挙げられる。

（2）公序良俗違反

　公序良俗に反する法律行為は無効となる（90条）。①社会正義に反するもの、
②個人の権利・自由を極度に制約するもの、③経済的な公序（市場の秩序・消費
者保護）に反するもの、などが公序良俗違反に該当するとされてきた。

　①の具体例として、（ア）犯罪行為やそれに類する行為、（イ）性道徳に反す
る行為、（ウ）賭博行為がある。（ア）は、殺人を委託する契約や麻薬の売買契
約などである。（イ）は、配偶者のある者が、不倫関係を維持する目的でなさ
れた贈与契約や売春などである。（ウ）は、賭博に負けたら金銭や物を支払う
契約などである。なお、賭博行為に負け、金銭を支払った者が賭博が無効であ
るとして、金銭の返還を請求したとしても、当該金銭の支払いが自ら行った賭
博行為によるため「不法な原因」に基づく給付であるとして返還請求は認めら
れない。

　②の具体例として、芸娼妓契約がある。芸娼妓契約は、たとえば、父親Aが
貸主Bから借金をし、借金の返済に充てる名目で娘Cを芸娼妓としてBの下で
一定期間強制的に働かせ、Cの働いた報酬から天引きされることを内容とする
契約であり、完済前にCが辞めたり、逃亡すると高額の違約金が課されること
となっていた。判例（最判昭30・10・7民集9巻11号1616頁）は、AB間の金銭消費
貸借契約、BC間の雇用契約共に公序良俗違反とした。また、憲法の定める権
利や自由を侵害するものも公序良俗違反となる。判例では、男女で異なる定年
退職年齢を定める就業規則を憲法14条違反として、公序良俗違反とするもの
（最判昭和56・3・24民集35巻2号300頁）や特定の労働組合からの脱退や団結権を制
約する合意を公序良俗違反とするもの（最判平元・12・14民集43巻12号2051頁など）
がある。

　③の具体例に暴利行為がある。「他人の窮迫・軽率もしくは無経験を利用
し、著しく過当な利益の獲得を目的」（大判昭9・5・1民集13巻875頁）とする行為
は、暴利行為と呼ばれ公序良俗違反となる。また、消費者取引においても、不
公正な取引行為は公序良俗違反とされ、いわゆる原野商法や飲食店における客

の飲食代金債務を女性従業員（ホステス）が保証する契約を雇主（店）と締結することについて、店の優越的地位を利用した不公正なものとして無効とする下級審裁判例がある。

さらに、法律行為の内容自体に問題はないものの、法律行為を行う動機が不法である場合にも、法律行為は公序良俗違反となり無効となる。動機の不法と呼ばれる。裁判例（最判昭61・9・4判時1215号47頁）には、賭博の資金に利用することを知ってした金銭消費貸借契約が公序良俗に違反するとして無効としたものがある。

CASE & Q21に関して、判例（最判昭45・10・21民集24巻11号1560頁）は、AによるBへの甲の贈与は、不倫関係を継続することを目的としており、公序良俗違反としている。したがって、贈与契約は無効となるため、BからAへの甲の返還が認められそうである。しかし、判例は、不法な原因に基づく給付（708条）であるとして、XからYへの返還請求を認めていない。

CHAPTER 6
意思表示：権利義務はどのように生じる？

SECTION 1　心裡留保

> CASE & Q22
> Aは、マニアの間では数万以上の高値で取引される、珍しいフィギュア（甲）を持っていた。しかし、友人のBはそんなことは知らないだろうと考え、冗談のつもりで、100円でいいから売りたい、とBに話した。
> Q1）Bが、Aの言葉を疑うことなく、買いたいとすぐに応じた場合、Aはこれを拒むことができるか？
> Q2）Bが、Aの事情を知らないCと転売の合意を取りつけてきた場合はどうか？

1　意思表示とは

（1）意思表示、そして契約

　ある人がある権利または義務を発生させたい、消滅させたいなどという「意思」を、外部に「表示」することを、「意思表示」という。そして、「2つ」の意思表示の合致によって成立する「法律行為」を、「契約」という。

　Q1）では、Aからの「甲を100円で売りたい」という意思表示に対して、Bはただちに「買いたい」という意思表示をしている。このように、一方当事者からの**申込み**に対して、相手方がこれを**承諾**したとき、契約は成立する（522条1項）。Q1）で成立するのは、甲を目的物とする「**売買契約**」（555条）である。

　もっとも、Q1）でA・Bは、会話の中でやりとりをしているだけに過ぎず、書面などを作成した形跡はない。しかし、契約は、原則として、口約束のみで成立する（522条2項）ので、現実によくある契約書や押印などがなくても、ほとんどの契約は口頭のみで、法的に有効に成立する（例外は保証契約など／446条）。

　そこで、Q1）では、本来、AB間ではBが応じた時点で契約が成立する。

　契約が成立すると、当事者の意思表示どおりの法律効果、つまり権利変動が生じる。Q1）では、Aは、売買代金（100円）の支払請求権を得ると共に、売

買目的物（甲）の引渡義務を負い、Bは、目的物引渡請求権を得ると共に、代金支払義務を負う。

（2）意思と表示のズレ──どちらを重視すべきか

ところが、CASE＆Q22をみると、Aの言葉＝「売りたい」は、Aの真意＝「冗談のつもり（売る気はない）」とは一致していなかった。意思表示という語はこのように、意思の外部への表れとしての「**表示／表示行為**」（ここでは言葉）と、それに対応

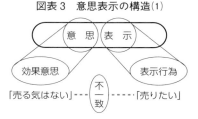

図表3　意思表示の構造(1)

する（はず）の内心の「**意思／効果意思**」（真意）という、少なくとも2つの側面を含んでいる（**SECTION 4**の図表11も参照）。

では今回のように、表示（表示行為）が意思（効果意思）と一致していなかったときは、その意思表示における意思と表示は、どちらを重視すべきだろうか。

意思を重視すべきだとする考え方を**意思主義**といい、表示を重視する考え方を**表示主義**という。民法がどのような立場をとっているのかを、ここではまず「心裡留保」の規定を手がかりにみていこう。

2　心裡留保とは

（1）当事者間の関係（Q1）

表示行為に対応する効果意思がないことを自覚しながらする意思表示を「心裡留保」という（93条）。いわゆる嘘や、冗談などである。

心裡留保は、A・Bのような意思表示の当事者間（Q1）では、原則として有効である（93条1項本文）。つまり、表示行為どおりの法律効果が生じる。

ここではもっぱら表示主義に立脚して、表示行為の受け取り手である相手方の保護が図られている。しかも、仮に意思主義に拠り、表意者の真意が表示行為とは違っていたことを重視しようとしたとしても、そんなややこしいことをわざわざした者を保護すべきだとは、なかなか言えないだろう。

ただし、このルールには例外がある。心裡留保の相手方が、表意者に意思表示どおりの真意がないことを知っていた場合、または、知ることができた場合は、心裡留保は無効となる（93条1項但書）。

表示を重視するときの理由は、表示を信頼した相手方を保護するためであ

る。そうであれば、相手方が表示を疑っていたとしたら、表示主義の立場からも相手方を保護する理由に乏しくなる。そこで、相手方が表意者の真意を知っていたか、または知りえた（＝表示を疑うことができた）場合には、意思主義に立ち戻り、表意者の真意を尊重すべきだとされる。

（2）第三者との関係（Q2）

図表4　心裡留保と第三者

それでは、A・Bのような意思表示の当事者の他に、Cのような「第三者」が現れた場合（Q2）はどうか（「第三者」の詳細はSECTION 2参照）。

心裡留保による意思表示の無効は、「善意の第三者」には主張できない（対抗できない）、と定められている（民法93条2項）。ここでいう「**善意**」とは、意思表示が心裡留保であったことを「知らないこと」、をいう。

契約などの取引は通常、直接の相手方との間だけでするものであって、第三者は自分が取引にかかわるまでの事情は知らないことの方が多い。とすればそこで、その事情を知らずに新たに取引関係に入った第三者は、保護するほうが迅速かつ円滑な取引の実現にも資すると考えられるからである。

（3）事例の結論

すでに見たように、Q1）では本来、AB間では契約が成立している。しかし、Aの意思表示は心裡留保にあたると考えられる。

そこでQ1）では、Aがそれを理由に意思表示の無効を主張できるか、を検討することが考えられる。もう少し丁寧に言えば、Aが自らした売買の申込みの意思表示を、心裡留保の例外により無効（93条1項但書）だと主張して、売買契約の成立を否定できるか、ということになる。

Q1）では、Bは「Aの言葉を疑うことなく」とあるから、Bは少なくとも、Aの真意を「知っていた」わけではなさそうである。とすると次の問題は、BがAの真意を「知ることができたか」である。ここではAは、甲の社会での認知度や取引状況、Bのフィギュアに関する知識といった事情から、BがAの真意を知りえたことを立証できれば、心裡留保の無効による契約の不成立を主張できる。

次にQ2）では、AがCに対し、心裡留保による意思表示の無効を主張でき

るか（93条2項）、を考えよう。Cは「Aの事情を知らない」とあり、これは善意にあたるだろう。したがってAは、Cに対しては心裡留保の無効を主張できない。

3　整理：「意思表示」に関するルールのポイント

このCHAPTERで扱う意思表示のルールは、民法総則の中でも特に重要である。そこで、CHAPTERの入口にあたるここで、全体像を一通り整理しておこう。

（1）意思表示に関するルールの位置づけ

「意思表示」とは、権利変動を生じさせようという「意思」を、外部に「表示」することをいう。なお、ここでいう「意思」――「意志」ではないことに注意――は、法律用語としては「効果意思／内心的効果意思」または「真意」と呼ばれることがあり、「表示」は「表示行為」と呼ばれることがある。

そして、意思表示を構成要素として、その内容どおりの法律効果を生じさせるものが、「法律行為」であった（CASE＆Q21参照）。「契約」とは、そうした法律行為の典型例である。

このCHAPTERで扱う、民法総則の第5章「法律行為」の第2節「意思表示」の規定、とりわけ93条〜96条（SECTION1〜5）は、意思表示の成立過程で何らかの問題があったときにその効力を否定し、結果的にその意思表示に基づく法律行為の効力の否定を認めるもの、である。その意味では、いわば、法律行為の効力に関する例外、ということができる。これは大別すると、表示行為と効果意思が一致しないケース（心裡留保、虚偽表示、表示錯誤）、一致はしているが効果意思の形成過程に問題があるケース（詐欺、強迫、基礎事情錯誤）から成る。

これに対し、法律行為に関する基本原則は、「私的自治の原則」である（CASE＆Q3参照）。意思表示は、93条〜96条のような例外にあたらないかぎり、原則として内容どおりの法律効果が生じる。この基本原則は、条文としては書かれていないが、出発点として常に意識するようにしてほしい。

（2）意思主義・表示主義

意思表示において「意思」と「表示」のどちらを重視するかについては、意思主義、表示主義という2つの考え方があった。**意思主義**とは、表示に対応する

意思がなければ意思表示の効力を否定すべきだとする考え方であり、**表示主義**とは、なお意思表示の効力を否定すべきでない場合があることを認める考え方だと言える。

そして民法は、折衷的な立場を採用している。どっちつかずに聞こえるかもしれないが、どちらか一辺倒とするよりは納得できる結論を導きやすい面もある。結論はむしろ、ほとんどのケースでは、言われてみればあたりまえだと感じるぐらいかもしれない。ここでも重要なことは、結論を覚えることではなく、理由を自分の言葉で説明できるようになることである。

（3）意思表示と主観的要件

意思表示のルールでは、相手方が事情を知っていたかなどの、内心の事情が重要なポイントとなっている。これを主観的態様、または主観的要件などという。中でも重要な法律用語は、「善意」「悪意」、「過失」それから「故意」である。

「**善意**」とは知らないこと、「**悪意**」とは知っていることをいう。一般的な意味での「悪意」、他人に害を加えようとする気持ちは、「害意」などという。

「**過失**」とはいわば不注意であり、ある事情のもとで通常人に期待される注意を欠いていることをいう。とりわけ、知らなかった（＝善意）し、知り得なかった（＝知るために必要な注意を尽くしていた）ことを「**善意無過失**」、逆に、知らなかったが知りえたこと（＝知るために必要な注意を欠いていた）は「善意有過失」ともいう。さらに、不注意の程度に応じて「**重過失**」、または「**軽過失**」などという。

これに対し、不注意ではなくわざと、という意味の語は「**故意**」である。

以上を踏まえて、意思表示のルールの全体を、右ページ（図表5）で先取りして整理しておこう。

（4）意思表示のルールと契約のルール

法律行為の典型例である「**契約**」に関するルールは、実は民法第1編「総則」ではなく、民法第3編「債権」（399条以下）、とりわけ第2章「契約」（521条以下）にまとめられている。このため本書の本来の対象ではないが、法律行為、とりわけ意思表示について学ぶ上で欠かせない知識であるため、この**SECTION**の冒頭で取り上げている。

関連して、口頭の合意のみで成立が認められる契約を、「諸成契約」という。これに対し、書面の作成などが求められる契約を、「要式契約」という。

図表5　意思表示ルールの全体像

	当事者間	第三者
心裡留保 （93条）	原則：有効 ⇔例外：無効 　要件　相手方の悪意or善意有過失	⇒無効を主張できない 　要件　第三者の善意
虚偽表示 （94条）	原則：無効	⇒無効を主張できない 　要件　第三者の善意
錯誤 （95条）	⇒取消し 　要件（表示錯誤） 　①錯誤の重要性 　②表意者の無重過失 　　※例外：相手方の悪意or善意重過失 共通錯誤 　要件（基礎事情錯誤） 　①錯誤の重要性 　②表意者の無重過失 　（例外について同） 　③基礎事情の表示	⇒取消しを主張できない 　要件　第三者の善意無過失
詐欺 （96条）	⇒取消し 　要件 　①違法な欺罔行為、詐欺の故意 　②詐欺と錯誤、錯誤と意思表示の因果関係 ※第三者詐欺⇒取消し 　要件　相手方の悪意or善意有過失	⇒取消しを主張できない 　要件　第三者の善意無過失
強迫 （96条）	⇒取消し 　要件 　①違法な強迫行為、強迫の故意 　②強迫と畏怖、畏怖と意思表示の因果関係	⇒常に取消しを主張できる

　さらに、契約上の権利（ここではAの代金請求権・Bの目的物引渡請求権）は「**債権**」といい、契約上の義務（ここではAの目的物引渡義務・Bの代金支払義務）は「**債務**」という。民法第3編の「債権」というタイトルもこれを指す。

　債務が実現されることを「**履行**」という。債権編も法律行為に関するルールと同様に、債務が実現されなかった場合、つまり「債務不履行」のルールが重要である。

SECTION 2 　虚偽表示

> **CASE & Q23**
>
> 　Aは飲食店を経営していたが資金繰りが苦しくなり、借金返済を免れるために財産隠しを思いついた。そこで、友人のBに頼み込み、あくまで形だけとの約束で、Aの所有していたベンツ・甲をBに売るとの虚偽の贈与契約書を作成し、甲の名義もBに変更してしまった。
>
> 　Q1）Bが翻意して甲の返還を拒んだ場合、Aは、それでも甲を取り戻せるか？
>
> 　Q2）BがAに無断で、AB間の事情を知らない中古車ディーラーCに甲を売却してしまった場合、AはCから、甲を取り戻せるか？
>
> 　Q3）BがCに売却し、さらにCがDに売却した場合はどうか？

1 　虚偽表示とは

（1）当事者間の関係（Q1）

　このCASE & Q23でもCASE & Q22と同様、Aの「甲を売る」という意思表示は、真意である「あくまで形だけ」ということと一致していない。つまり、Aの「表示行為」はここでも、「効果意思」と一致していない（用語は**SECTION 1**参照）。

　しかし、CASE & Q22と違うのは、Aだけでなくその相手方のBも、表示行為と効果意思がずれていることである。このように、相手方と示し合わせてする虚偽の意思表示を「**（通謀）虚偽表示**」という（94条）。今回のような仮装譲渡が、その典型例である。

　そして、虚偽表示は、心裡留保の場合（93条1項本文）とは異なり、意思表示の当事者間（Q1）では原則として無効である（94条1項）。表示主義の観点からも、ここには表示を信頼した者がおらず（どちらも虚偽表示であることを知っている）、意思主義の観点から、真意に即して無効という帰結が導かれている。

　Q1）では、AB間の贈与契約（549条）は虚偽表示にあたることから無効となり、甲の所有権はBには移転していなかったことになるから、Bは無権利者であり、Aからの返還請求を拒むことができない（＝Aは甲を取り戻すことができる）。

(2) 第三者との関係（Q2）

図表6　虚偽表示と第三者

これに対し、Cという「第三者」が現れた場合（Q2）はどうか。むしろ、虚偽表示が問題となるケースはほとんどが、第三者がからんだ場合である。

ここでは、心裡留保の場合（93条2項）と同様に、虚偽表示による意思表示の無効は、善意の第三者、つまり意思表示が虚偽表示であったことを知らない第三者には主張（対抗）できない（94条2項、用語は**SECTION 1** 参照）。

理由も、心裡留保で述べたところと異ならない。とりわけ、虚偽表示によって名義変更などの不実の外形が作り出されていたときには、自ら不実の外形を作り出した者は一定の責任を免れないこと（帰責原理）、その不実の外形を正当に信頼した者を保護すべきこと（信頼原理）、などが根拠される。こうした考え方は「権利外観法理」などとして、94条2項の類推適用を通じて広く一般化されている（**SECTION 3** 参照）。

Q2）では、Cは「AB間の事情を知らない」とある。Cが、虚偽表示があったことを知らなかった（=善意）のであれば、Aは、Cから甲を取り戻すことができない。言い換えれば、Aは、Cが善意のときには、AB間の売買契約（555条）が虚偽表示により無効であり、Bは無権利者であってCには甲の所有権は移転していない、と主張できないことになる。

もっとも、Q2）ではCは中古車ディーラーという専門業者であることから、取引経験の豊富さゆえに、Bが何か怪しい、と察することがあるかもしれない。しかし、虚偽表示の第三者に関する要件は、条文上、「善意」のみである。このため、AB間の事情を知らなかったが知ることができた（善意有過失）としても、結論は異ならないと考えられている（→**SECTION 4・5** の第三者保護要件と比較してみよう）。

(3) 動産取引における特則：即時取得

実はこの94条2項のルールが活用されうる場面は、**CASE & Q23**のような自動車=「動産」の取引については、やや限定的である。なぜなら、動産の取引については、民法第2編「物権」に「即時取得」というルールがあるためである。

動産については、取引行為によって平穏かつ公然と占有を始めた者は、善意無過失のときにはただちに所有権を得る（192条）。つまり、たとえばノートパ

ソコンなどの場合、第三者が善意無過失で目的物の引渡しを受けていれば、その第三者は新たな所有者となり、元の所有者には虚偽表示のルールを持ち出す余地がない。

したがって、動産取引で94条2項のルールが意味を持ちうるのは、第三者が善意かつ有過失の場合か、あるいは、即時取得制度の適用のない、登録された自動車などの動産に限られる。94条2項はむしろ、その類推適用の可能性も含めて、不動産取引において重要な意味を持つ。このことは**SECTION 3**で再論しよう。

2 虚偽表示と転得者

(1)「第三者」とは

図表7 虚偽表示と一般債権者(1)

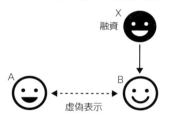

「第三者」について、もう少し詳しく見ていこう。

「第三者」とは基本的には、「当事者以外の者」をいう。しかし、虚偽表示に関してもう少し正確に言えば、「当事者およびその包括承継人以外の者」であって（包括承継人の例：相続人）、虚偽表示の無効が認められると権利を失うなど、虚偽表示の目的について新たに法律上の利害関係を有するに至った者、とされる（大判大 5・11・17民録22輯2089頁等）。典型的な例はこれまでもみてきた、虚偽表示の後に目的物を買い受けた者である。

逆に、ここで第三者にあたらない例としては、Bに融資した者（一般債権者X）が挙げられる（図表7）。Xとしては、Bの財産が多いに越したことはないから、Aから虚偽表示無効の主張がなされ、甲がBのものでなくなるのは困るかもしれない。しかし、Bには他にも財産があるかもしれず、甲がなければ絶対に借金を回収できないというのでもない。そこで、この場合にはAは虚偽表示の無効を主張できる、とされる。

COLUMN 2　財産隠しは許されるのか

今回は「Bに融資した者（X）」を取りあげた。しかし、そもそも当初存在していたはずの「Aに融資していた者（X'）」は、Aの（虚偽表示などによる）財産隠しに異を唱

えることはできなかったのだろうか。

考えられる方法のひとつは詐害行為取消権（424条）である。借金返済を免れる目的で財産を減少させた場合は、虚偽表示でなかったとしても、取消しが認められることがある。

あるいは、Aが差押えを免れる目的で仮装譲渡などをした場合には、刑法上の強制執行妨害目的財産損壊等罪（刑法96条の2）に問われる可能性もある。

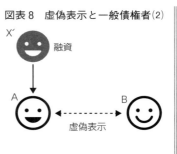

図表8　虚偽表示と一般債権者(2)

（2）転得者における問題（Q3）

Q3）のDは、第三者にあたるというべきか。判例は後述するようにこれを認める（最判昭45・7・24民集24巻7号1116頁）。

ただし、転得者が現れた場合には、「誰が善意であったことを要するか」という新たな問題が生じてくる。

仮に、第三者Cは善意だったが、転得者Dは悪意だった場合を考えよう。このとき、Aは虚偽表示の無効を主張できなくなり、AはDからも、さらに甲を買い受けたD₂からも、甲を取り戻すことができないとする考え方を、「絶対的構成」という。善意のCが現れた時点で法律関係が絶対的に確定する、と考えるためである。

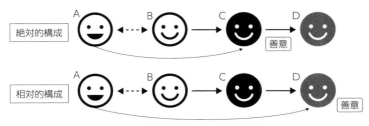

図表9　虚偽表示と転得者

これに対し、第三者が保護されるかは最後の転得者との間で相対的に決まるべきだとして、善意は常に最後の転得者について必要だとする考え方を、「相対的構成」という。

判例は、絶対的構成を採用している（大判昭6・10・24新聞3334号4頁など）。し

たがってQ3）では、Cが善意であれば、Aは、Dから甲を取り戻すことができない。

COLUMN 3　所有権の移転時期

CASE＆Q22のQ2）では、Bは、Aとの売買契約の後、甲の引渡し前に、甲を転売する契約を締結してきたようである。Bは、甲がAの手元にあるうちに転売をしても問題なかったのだろうか。

これについてはまず、民法第2編「物権」の規定が参考になる。

それによれば、所有権などの物権は「当事者の意思表示のみによって」効力を生じ、引渡しなどを要求していない（176条）。ここでも契約の成立（521条）と同様に、原則は口約束のみで足るのである。

したがって、Q2）では、AB間で売買契約が成立した時点で、甲の所有権は法的には、Bに移転している（AはBの所有物を預かっているに過ぎない）。Bは甲の所有者として、甲の売買（転売）契約をCと締結したということになり、AはAB間の売買契約の効力を否定できない限り、甲の引渡しを拒む法的根拠がない。

しかしながら、「BがAの所有する甲についての売買契約を締結すること」も、実は法的に認められている。これを他人物売買という。他人物売買の売主（ここではB）は、売買契約後に目的物の権利を所有者（ここではA）から取得し、買主（ここではC）に移転すれば足る（561条）。

SECTION 3　94条 2 項類推適用

> **CASE & Q24**
>
> Ａは土地・甲を購入し代金も支払ったが、Ｂと相談して名義だけＢとすることとし、甲の登記をＢへ移転した。しかし、ＢはＡに無断で、Ｂ名義の登記を信じたＣに甲を売却し、Ｃへの移転登記も行った。Ａは甲を取り戻せるか？

1　不動産取引と登記

まず、土地・甲のような「**不動産**」の取引に関するルールを確認しておく。

民法では「物」は、「不動産」と「動産」とに分類される。不動産とは、土地および建物のことをいう（86条 1 項、**CHAPTER 4** 参照）。

所有権をはじめとする不動産の権利は、売買契約などの意思表示がなされた時点で、原則として直ちに移転する（176条、**SECTION 2** の **COLUMN 3** も参照）。ただし、それは当事者間の話であり、第三者との関係では「**登記**」がなければ権利を主張（対抗）できない（177条）。なお、ここでいう登記とは「不動産登記」のことであり（他には「成年後見登記」について **CHAPTER 2 SECTION 4** 参照）、誰が所有者か（現在の権利関係）、誰から譲り受けたか（これまでの権利変動）、などの情報が登記簿において公的に記録されている。

このことを別の角度からみれば、不動産には登記という公的制度があるにもかかわらず、その権利変動については原則として意思表示のみで足り、登記は要件とされていない（相続によるケースを除く）、ということになる。しかも、所有権などを第三者に主張するには登記を要するが、仮に第三者が、真実でない登記を信じて不動産を購入したとしても、原則として所有権の取得は認められない。

そこで、**CASE & Q24** を考えると、登記名義がＢに移転していたとしても、Ａに所有権を移転させる意思がない以上は所有者はＡのままであり、Ｂは不実の登記を有するだけの無権利者になる、ということになる。そして、ＣがＢ名義の登記を信じて取引をしたとしても所有権の取得は認められない（ＣはＡからの移転登記抹消請求に応じなければならない）。このことを、「無権利の法理」などという。

不動産登記は、こうした意味で、信頼性に乏しい。このことを、不動産登記には「公信力」がない、などといったりする。不動産の財産としての特性などから、取引相手方の保護よりも真の権利者の保護が、原則として重視されているのである。

2　不動産取引と94条2項

(1) 類推適用とは

不動産取引に関するルールを踏まえると、**CASE＆Q24**では、Aは甲を取り戻すことができるようにみえる。しかし、**CASE＆Q24**は、B名義という真実でない不動産登記が介在するという点では、B名義という不実の自動車の登録が介在した**CASE＆Q23**（虚偽表示）と似ている、ともいえそうである。

そして**CASE＆Q23**では、94条2項によって第三者の保護が図られていた。その根拠は、不実の登記が表意者らによって自ら作り出されたものであったことだった。94条2項は、この意味で、虚偽表示があった場合について、不動産登記の公信力の欠如を補う役割を果たしている。

しかし、**CASE＆Q24**には虚偽表示規定は適用できない。Bは名義を貸しただけであり、ＡＢ間では売買や贈与などといった虚偽表示はなされていないからである。

しかしながら、**CASE＆Q24**だけ第三者が保護されない、という帰結でよいのだろうか。

このように、ある規定を直接には適用できない事例において、その規定が直接適用される事例との間で本質的な類似性が認められるときに、その規定を用いて解決を図ることを、**類推適用**という。

CASE＆Q24は結論から言えば、94条2項の類推適用が判例において初めて認められたケースを単純化したものである（最判昭29・8・20民集8巻8号1505頁）。

ただし、重要なことは、紛争となったケースと本来規定が直接適用されるケースにおいて〈本質的な類似性〉が認められるか、である。そのケースに類推適用を認めてよいかの判断は、本来の適用場面と単に似ているというだけではなく、本質的に類似しているか、本来の適用場面と同じ効果を与えることが適切と言えるかを慎重に検討してなされなければならない。何となく似ているというだけで条文の適用範囲を広げることは妥当ではない。

（2）94条2項の本質：権利外観法理（表見法理）

それでは、94条2項の本質とは何だろうか。

これは、「**権利外観法理**」（または表見法理）と呼ばれる。権利外観法理とは、真の権利者が不実の外観を作出したときに、外観を信頼した相手方を保護するために外観どおりの効果を認める考え方であり、その根拠は、不実の外形を自ら作出した真の権利者の帰責性と、外形に対する相手方の信頼の要保護性にある、とされる。この法理は、表見代理（109条・110条・112条、**CHAPTER 8 SECTION 4**）などにも表れている、民法の重要な法理の1つである。

第三者保護という観点では、動産取引については、すでに即時取得（192条、**SECTION 2**参照）というルールがあり、取引安全が図られていたが、不動産取引については、同様の規定は存在しなかった。しかし、不動産取引では、94条2項の直接適用または類推適用によって、不動産取引における第三者保護が図られてきた。

ただし、不動産取引においては真の権利者の保護が原則として重要であることに変わりはない。このため、94条2項の直接適用・類推適用においては、真の権利者が不実の外形の作出において帰責性が認められることが、とりわけ重要な点と考えられている。

3　94条2項類推適用が認められる例

CASE & Q25
Aの子Bは、Aに無断で自宅建物・甲につき、必要書類を盗み出し、甲の登記をBへ移転した後に、善意無過失のCに売却し、Cへの移転登記も行った。Aは甲を取り戻せるか？

類推適用については、判例上多くの判断が積み重ねられており、現在では次のようなケースで類推適用を認めて良いと考えられている。①外形作出型、②外形承認型、③一部承認型、④外形与因型、である。

冒頭の**CASE & Q24**はこのうち、①外形作出型にあたる。Aは自ら、Bと相談の上で、不実の外形（登記）を作り出しており、虚偽表示はないものの通謀はあったという点で、虚偽表示とも類似している。

他には、②外形承認型とは、真の権利者が他人の作り出した不実の外形を自ら利用した場合、③一部承認型とは、不実の外形を自ら作り出したが、他人に

それ以上の不実の外形を作り出されてしまった場合、④外形与因型とは、不実の外形を自ら作り出しわけではないが、他人が不実の外形を作り出すことのできる状況を自ら作り出していた場合である。

①②③は、いずれも、真の権利者が不実の外形の作出に積極的にかかわったケースであり、その点において真の権利者に帰責性がある。ただし、③は、たとえば真の権利者が賃貸借契約の権限を付与していたところ、売買契約を締結してきたような場合であり、不実の外形の全部（＝売買契約）についてまで真の権利者が作出したわけではないことから、真の権利者の落ち度は相対的に低い。そこで判例は、①②のケースでは第三者の主観的要件としては善意のみで足るとしたが、③のケースではさらに無過失まで要するとしている（最判昭43・10・17民集22巻10号2頁）。

④は、真の権利者が不実の外形を自ら作り出したわけではない、とあることから、状況は随分違うように思えるかもしれない。しかし、仮に真の権利者が実印や土地の権利に関する重要書類を安易に交付するなど、他人があまりに容易に不実の外形を作出できる状況を生じさせてしまっていたとしたら、不実の外形を自ら作り出したのに等しい落ち度がある、ということができるかもしれない。

判例は、このような、著しい落ち度があった状況において、94条2項類推適用を認めた（最判平18・2・23民集60巻2号546頁）。ただし、判例は、ここでは表見代理に関する110条を共に類推適用するとした上で、第三者の主観的要件についても善意無過失まで要求している。

CASE & Q25は、不実の外形作出にＡが積極的にかかわっているわけではないから、①②③にはいずれもあてはまらない。ありうるとすれば④外形与因型である。

親族による実印・重要書類等の濫用は残念ながら珍しいことではなく、裁判上もしばしば争いの種となっている。だからといって、ここでのＡがつねにそのリスクを負うべきだと考えられているかといえばそうではなく、94条2項類推適用が認められたのは、自ら実印・重要書類等を交付するなどの落ち度があったケースである。

したがって、**CASE & Q25**では94条2項類推適用は認められず、Ｃは、Ａからの移転登記抹消請求に応じなければならない。

COLUMN 4　第三者の権利保護資格要件としての登記

　不動産取引において、真の権利者が虚偽表示をしていたときは、第三者は94条2項の直接適用によって保護される。この場合、第三者に求められている要件は善意のみであることから、第三者は登記を具備していなくてもよいのか、が論じられてきた（これを権利保護資格要件としての登記という）。第三者が結果的に所有権を得ることになる以上は、自らの権利を守るためにできる限りのことをしておくべきではないか、というのである。

　しかしながら、判例は虚偽表示、および詐欺のいずれについても、第三者の登記の具備までは求めていない（虚偽表示につき最判昭44・5・27民集23巻998頁、詐欺につき最判昭49・9・26民集28巻6号1213頁）。

SECTION 4　錯誤

> **CASE & Q26**
> 　大学生となったAは、新生活に必要な電子レンジを、α 通信販売で購入した、つもりだったが、誤ってオーブンレンジを購入した。β 地元である福井県の企業B社から通信販売で購入した、つもりだったが、誤って福島県のC社から購入した。
> Q1）Aは、契約をなかったことにできるか？
> Q2）通販で購入した場合と、店頭で購入した場合とで、違いはあるか？

1　錯誤：当事者間の関係

(1) 意義

　CASE & Q26では、Aは何かしらの思い違いをして、売買契約をしている。こうしたケースに関しては、**錯誤**に基づく意思表示は取り消すことができる、という規定（95条1項柱書）が意味を持つ。

　もっとも、錯誤取消しに関する95条は、意思表示の規定の中では最も長く複雑であり、錯誤の定義自体すら単純ではない。初めに図表10で整理しておこう。

　これまで学んだ心裡留保（SECTION 1）、虚偽表示（SECTION 2）のルールでは、「表示行為」が内心の「効果意思」と一致していないこと（用語はSECTION 1参照）を出発点として、意思表示の効力の否定（無効）が認められていた。し

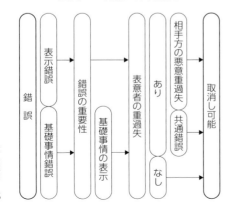

図表10　錯誤の条文構造

かし、このCASE & Q26は、α と β とで少し事情が異なる。

　α では、Aは「電子レンジ」（= 効果意思）のつもりで「オーブンレンジ」（= 表示行為）を購入しており、やはり「表示行為」が内心の「効果意思」と一致していない。しかし、心裡留保や虚偽表示との違いは、表意者がわざとズレをもたらしたわけではない（思い違いの結果としてズレてしまった）、ということである。そ

の意味でこうしたケースでは、表意者（A）を保護する必要性が相対的には高くなる。

しかし、βをみると、売買の目的物自体は「電子レンジ」で一致しているが、「誰から買うか」には思い違いがあったようである。ただし、βにおいて価格にも大きな違いがなかったとしたら、ささいな勘違い、と言えなくもなさそうである。

つまり、錯誤取消しのルールで重要なことは、〈どのような錯誤であれば取消しを認めてよいか〉を、表意者保護と相手方保護のバランスの中で考えることとも言える。

なお、冒頭でも説明した通り、錯誤による意思表示は「無効」ではなく、「取り消すことができる」、と定められている。言い換えれば、錯誤による意思表示は原則として有効であり、表意者がこれを取り消したときに初めて、遡及的に無効となる（取消しの効果については CASE & Q31 を参照）。

（2）錯誤取消しの要件

錯誤について、民法では、α、βとして挙げたような2種類が想定されている。前者を**表示錯誤**（95条1項1号）、後者を**基礎事情錯誤**（同2号）と呼ぼう。表示錯誤とは、表示行為が効果意思と一致していないケースである。基礎事情錯誤は、そのレベルでの不一致はないが、効果意思を抱く上で基礎とした事情において思い違いがあったために、結果的に不本意な意思表示となったケースである。意思表示はこうしてみると、表意者の内心（意思）については動機のレベルまで細分化していくことができる（図表3と11を比べてみよう）。

こうした錯誤による意思表示の取消しについては、共通して、①錯誤の重要性（95条1項柱書）、②表意者に重過失がないこと（95条3項柱書）が、要件とされている。

①錯誤の重要性とは、表意者が、その錯誤がなければその意思表示をしなかったであろうこと（主観的因果関係）、かつ、一般の人であっても、その錯誤がなければ意思表示をしなかったであろうと考えられること（客観

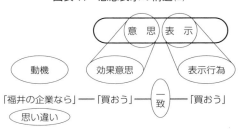

図表11　意思表示の構造(2)

的重要性)、をいう。錯誤取消しは相手方にとっては不測の不利益となりかねないため、取消しが可能な範囲は限定されている方が、相手方にとっては取引上の不安も小さい。民法は、ここでは相手方の保護、ひいては取引安全を重視して、誰からみても深刻な勘違いがあった場合に取消し可能な範囲を限定しているのである。

（3）基礎事情錯誤の要件：表示（Q1）

それでは錯誤の種類を、もう掘り下げていこう。

表示錯誤には、今回のαのような、表示上の明らかな言い間違い・書き間違い（＝表示上の錯誤）から、CASE＆Q20のQ1）（「ダース」という単位についての思い違い）のような、言葉の意味の誤解に基づく言い間違い・書き間違いも考えられる（＝内容の錯誤）。

これらはいずれも、先に挙げた要件①②を満たせば、錯誤取消しが認められる。

これに対し、基礎事情錯誤としては、今回のβ（同一性錯誤）のほか、たとえば、スマホ連携機能がついた電子レンジだと思っていたらそうでなかった、というようなケースもある。後者では、買主の表示行為の中核は「この電子レンジを買う」であっただろうが、そう決めるに至った理由は「この電子レンジにスマホ連携機能がついていて、その機能に魅力を感じたから」、であり、後からみればその部分で思い違いが生じている。

表示行為は、相手方に向けてなされるものだが、基礎事情は、内心で思いをめぐらせるにとどまり、相手方には伝えないことも少なくない。このため、これを理由とする取消しを広く認めてしまうと、相手方にとってはよく分からない事情で突然手のひらを返されるという、相当に残念なことになりかねない。しかし、基礎事情錯誤は、現に、錯誤に関する争いの大半を占めてきた。表意者にとっては、それだけ、その意思表示を取り下げるニーズがあったということでもあり、一定程度は表意者の保護を認める必要性があると考えられる。

そこで、基礎事情錯誤については、それが相手方に「表示」されていたことが、要件として加重されている（95条2項）。つまり、相手方に対して「わたしの出身の福井県の会社から電子レンジを買いたい」などと言っていれば、Aはその意思表示を錯誤を理由に取り消しうることになる。

ここまでの内容をまとめよう。

表示錯誤は、①錯誤の重要性、②表意者の無重過失を、基礎事情錯誤はこれ

に加えて、③基礎事情の表示を、要件とする。

では、Q1）では、Aは錯誤を理由として売買契約を取り消すことはできるか。

Q1）のβは、基礎事情錯誤（95条1項2号）にあたる。①錯誤の重要性については、通常は「誰（どの店）から買うか」は重視されないことが多いと考えられるし（客観的重要性）、そもそも新生活のために必要だったということから、いずれにせよ店を問わずに買っていた可能性もある（主観的因果関係）。また、CASE & Q26の限りでは、その基礎事情が表示されていた可能性も低いようにみえる。したがって、②の要件を問うまでもなく、取消しは認められない可能性が高いと考えられる。

Q1）のαは、表示錯誤（95条1項1号）にあたり、売買の目的物に関する錯誤であることから、①錯誤の重要性はみたすと考えられる。したがって、次に扱う②無重過失要件が問題となる。

（4）表意者側の要件：重過失（Q2）

錯誤による意思表示は、前述した①錯誤の重要性の要件をみたしたとしても、②表意者に重過失があったときには取り消すことができない（95条3項柱書）。これを取消し可能な要件として整理すれば、すでに述べた通り「表意者の無重過失」と表現できる。

重過失とは、不注意の程度が重大であることをいう（**SECTION 1**参照）。表意者が錯誤に陥ったことについて、通常人に期待されるような注意を著しく欠いていたとき、取消しは認められない。表意者に思い違いがあったとしても、あまりに不注意が過ぎた表意者を相手方の負担において保護する理由はないのであり、表意者保護と相手方保護のバランスをとるために設けられている要件だと言える。ただし、取消しのために必要なことは、「重大な過失がなかったこと（無重過失）」であって、過失が一切なかったこと（無過失）ではない。そもそも、思い違いとは、ほとんどが過失によってこそ起こるものである。

しかしながら、仮に表意者に重過失があったとしても、相手方を保護する必要性に乏しい場合にまで取消しを制限する理由はない。そこで、次の2つの場合には、表意者に重過失があってもなお取消しが認められる。

一つは、相手方が錯誤のあることを知っていたか、または重大な過失によって知らなかった場合である（95条3項1号）。相手方の悪意または善意重過失、と言い換えられる。これは、心裡留保の例外的無効（93条1項但書、**SECTION 1**）

と一見よく似ているが、相手方の過失が重大であったことまで求められている。つまり、相手方がちょっと調べれば表意者が錯誤に陥っていることを分かったような場合（重過失）には、表意者に重過失があっても錯誤取消しの主張が認められる。もちろん、錯誤の可能性について入念に確認しても分からなかったような場合（軽過失）はこの限りでない。

　もう一つは、相手方も同じ錯誤に陥っていた場合である（共通錯誤：95条3項2号）。相手方も表意者と同じ思い違いをしていたのならば、仮に表意者に重過失があったとしても、その取消しを認めて相手方が不利益を被ることにはならない。

　ところで、この重過失要件について、対面取引の場合と、通信販売との間で、違いは生じないだろうか。通信販売のほうがおそらく、ミスは増えやすいはずである。

　それでは、Q2）について検討しよう。

　先に店頭での対面販売の場合について考えると、そもそも特定の県の店という点での思い違いは起こり得ないし、電子レンジとオーブンレンジの違いも、通常は価格帯が異なることや、あるいは大学生向け商品を取り扱う店であれば、オーブンレンジまでは購入しないことが一般的であることなどから、レジでの支払いの時点で確認される可能性がある。それでもAが錯誤に陥ったとすれば、Aに重過失があったと評価されるだろう。

　これに対し、通信販売の場合には、対面販売と比べて店側と顧客との接触の機会に乏しく、商品について確認する機会が圧倒的に少なくなる。そこで、通信販売などについては「電子消費者契約法」という特別法が定められており、表意者の無重過失要件に関する95条3項の適用が排除されている（電子消費者契約法3条、COLUMN5参照）。

2　錯誤：第三者との関係

CASE＆Q27

　Aは、希少価値の高いフィギュア（甲）と量産品のフィギュア（乙）を持っており、乙を売却するつもりで誤って甲を、専門店Bに持ち込んだ。Bはこれを乙の市場価格相当額で買い取り、甲の市場価格相当額でCに売却した。

　Aは、Cから甲を取り戻すことができるか？

ここでもＣという「第三者」が現れた場合について考えてみよう。

錯誤による意思表示の取消しは、善意でかつ過失がない第三者には主張（対抗）できない、と定められている（95条4項）。心裡留保、虚偽表示と異なるのは、「善意」だけではなく「善意無過失」まで要求されている点である。したがって、第三者が、表意者が錯誤に陥っていると容易に気づくことができたような場合には、その第三者に対しては錯誤取消しを主張することができる。

初めにも説明したように、自ら真意と異なる意思表示をした心裡留保・虚偽表示の表意者と違って、錯誤のケースでは、表意者は好き好んで錯誤による意思表示をしたわけではない。そこで、錯誤においては表意者の要保護性が相対的に高いことから、第三者を保護するのであれば、第三者にも相応の保護されるべき理由が求められるべきだと考えられる。

CASE & Q27では、Ｃは専門店において、甲の市場価格相当額で甲を購入したとある。みなさんも往々にしてこのような経験はあるだろうが、まさか店から買った後になって元の所有者から返してくれと言われるとは、なかなか想像しないだろう。そのため、Ｃには一般に過失はないと考えられる。

結論としては、Ａは、錯誤による意思表示の取消しをＣに主張して、Ｃの引渡しを求めることができるが（95条1項柱書、1号）、Ｃはこれに対し、自らの善意無過失を理由としてその主張を退けることができる（95条4項）。

COLUMN 5　電子消費者契約に関する民法の特例に関する法律

本文中で紹介した「電子消費者契約法」は、正式には「電子消費者契約に関する民法の特例に関する法律」という。ただし、その条文はわずか3条で（従来はもう少しだけ条文が存在したのだが）、現在では、錯誤に関する民法95条の特例、という役割しかない。

同法が定める「電子消費者契約」とは、いわゆる通信販売だと考えてよい。正確には、「消費者と事業者との間で電磁的方法により電子計算機の映像面を介して締結される契約であって、事業者又はその委託を受けた者が当該映像面に表示する手続に従って消費者がその使用する電子計算機を用いて送信することによってその申込み又はその承諾の意思表示を行うもの」（2条）である。

そして同法は、そのような契約については95条4項の重過失要件を排除しているのだが（3条本文）、それにはもう少しおまけがある。というのは、画面上で、意思表示の内容について最終確認画面が設けられていたときなど、重過失要件が復活するのである（3条但書）。

大手の通販サイトなどでは、契約内容について最終確認画面を表示しないものはほとんどないだろうが、みなさんはその画面を、実は素通りしてしまっていないだろうか。そうした行為はつまり、重過失にあたりうる。通販を利用するときにはぜひ気をつけてほしい。

SECTION 5　詐欺・強迫

CASE＆Q28

　Ａは、友人のＢから、「私が持っている土地（甲）の近くに、近々駅ができる計画が
ある。そのうち必ず値上がりするから、今のうちに買わないか。」ともちかけられ
た。この話はＢの嘘でありそのような事実は存在しなかったが、これを信じたＡ
は、甲を購入する契約を締結した。
　Ｑ１）Ａは、契約をなかったことにできるか？　Ｂが不動産業者であった場合は？
　Ｑ２）Ｂが「自分もその計画を信じていた」と強弁した場合はどうか？

1　詐欺とは

（1）意義

　CASE＆Q28では、Ａは、Ｂの嘘にだまされていなければ、甲を購入しよう
とは思い至らなかっただろう。こうしたケースに関しては、「**詐欺**」による意
思表示は取り消すことができる、という規定（96条１項）がある。

　CASE＆Q28では、「甲を購入する」という点において「表示行為」と内心の
「効果意思」にはズレはなかったとしても、その効果意思は相手方の嘘によって引
き起こされた思い違い（＝錯誤）から、生まれたものである。とすると、このような
ケースで表意者を保護する必要性は、錯誤の場合以上に高いと考えられる。

　もっとも、ここでは「嘘」と端的に表現したが、何を「嘘」、つまり、意思表
示の取消しが認められる「詐欺」と評価すべきかは、単純ではない。ここでも
重要なことは、〈どのような詐欺であれば取消しを認めてよいか〉である（表意
者保護と相手方保護のバランス）。

　ただし、錯誤（**SECTION 4**）とは異なって、民法はこの答え、つまり、詐欺
取消しが認められる要件については、ほとんど手がかりを示していない。「詐
欺による意思表示は取り消せる」としか書いていないに等しいのである。そこ
で判例・学説が要件を具体化してきたのだが、それらは今なお、明文化はされ
ていない（錯誤については、2020年改正でようやく明文化されている）。

（2）詐欺取消しの要件（Q1）

　詐欺取消しの要件は、相手方の事情としては、①違法な欺罔行為、および詐

欺の故意（二段の故意）、表意者側の事情としては、②詐欺と錯誤、錯誤と意思表示それぞれの間の因果関係、である。これは、できるだけ平たく言うと、①相手方が酷いだまし方をして、②そのせいで思い違いが起こり、思い違いのせいで不本意な意思表示をしてしまったこと、である（①「二段の故意」は一旦措く）。

　若干くどいと感じただろうか。しかし、こうした要件は、詐欺取消しが認められる場面を制限して相手方保護を実現するために慎重に立てられてきたものと言える。

　たとえば、②は、相手方がだまそうとしていたとしても、表意者が相手の嘘に気づいており、しかし相手方への好意からだまされたフリをしたとしたら、取り消せない、ということを意味する（思い違いをしておらず、積極的に意思表示をしているから）。詐欺取消しによる不利益を相手に負わせるのは、詐欺による意思表示が相手方に引き起こされたときのみに限られるべきだからである。

　あるいは、①の「欺罔行為」とは、だましたことをいうが、詐欺取消しが認められるためには、その欺罔行為が社会観念上または取引上要求される信義に反するものであること（＝違法性）まで要する。たとえば、いわゆるセールストークとして、営業担当者が商品の品質を多少大袈裟に説明した場合はどうか。セールストークは取引の常である。そのおかげで商品が良く売れる、つまり取引が活性化されるという面があり、むしろよい気分で買い物ができるという面もあるかもしれない。その商品に詳しい者同士の取引であれば、相手の発言の本質を見極めながら交渉を進められてこそ、自分に最も有利な内容や条件での取引を実現できるかもしれない。したがって、多少大袈裟に説明したという程度では、①の違法性をみたさない、と考えられている。

　それでは、**Q1）**について検討しよう。

　Aは、甲の売買契約について詐欺取消し（96条1項）を主張することが考えられる。AはBの言動を信じて契約した、とあるから、②の要件はおおむねみたすと言えそうである。

　問題は①の要件である。ここでは、Bの言動の具体的な内容が重要であり、違法性の評価においては、取引類型のほか、両当事者の地位や、専門的知識の有無なども考慮される。仮に、Bが不動産業者であったとすれば、一般には専門的知識を有しており、正しい情報を伝えることが期待される。そこで、これについては宅地建物取引業法（宅建業法）が、説明すべき事項を具体的に定めて

いる（宅建業法35条など）。

（3）主観的要件：詐欺の故意（Q2）

　相手方の事情にかかる要件（①）のうち、欺罔行為の違法性は、ある程度、客観的に立証できる。難しいのは、詐欺の故意である。

　故意とは、わざと、意図的に、という意味である。そして、詐欺取消しの要件としては、「だますこと（錯誤に陥らせること）」と「だまして意思表示をさせること」、二段階での故意が求められる。

　これも大変ややこしく、また回りくどく聞こえるかもしれないが、たとえば単に自慢がしたくて嘘を言ったところ、それを真に受けた相手が取引を申し入れてきたときには、詐欺取消しは認められない。相手方にとっては不本意ではあるだろうが、その責任をすべて嘘を言った者が負うべき、とは言い切れないからである。

　では、Q2）のように、Bが「自分もその計画を信じていた」と強弁した場合、Aとしては実際にどのように対応できるだろうか。

　Aが詐欺取消しを主張したいのであれば、AはBの二段の故意まで、具体的に立証しなければならないことになる。しかし、故意とはBの内心の事情であり、とりわけQ2）のようにBがこれを頑なに否定している場合には、よほどの証拠を持ち出さなければ故意の立証は難しい。

（4）私的自治の原則の限界──消費者契約法

　Q2）の結論は、①②の要件を立証できれば詐欺取消しができるが、現実的に容易ではない、ということになる。詐欺と、次に説明する強迫の規定は、実はそうした意味で非常に使いづらい。

　こうした事態は、民法が元々想定していたものではあった。私人間の取引では、行為能力のある者が自らの意思で自由に意思表示をしており、その意思表示が真意に基づくものである以上、表意者はその意思表示の結果をリスクと共に引き受けなければならない、と考えられていたからである。こうした考え方は、自己責任の原則、ともいう。さらに、その前提としてされているのは権利能力平等の原則（CASE & Q1参照）であり、すべての人が平等に扱われることの引き換えとして、人は実態としての不平等にかかわらず、対等に取引社会に臨むべきだ、と考えられてきた。

　しかしながら、現実社会は圧倒的に不平等である。とりわけ、一個人企業と

の取引において対等に振る舞うことは、取引経験や知識、資力などさまざまな面において、極めて難しい。

このような、「消費者トラブル」の深刻化に対して、民法が被害救済には十分な役割を果たせなかったことから、2001年から「消費者契約法（消契法）」が施行された。同法は年々、その内容を拡大してきているが、中核部分のひとつは、民法の詐欺・強迫取消しの規定（96条）を消費者に有利となるように緩和した、誤認惹起、困惑による取消しの規定である（消契法4条）。詳細はコラムで触れるが、現在の消費者―事業者間の契約（＝消費者契約）では民法よりも、消費者契約法が中心的な役割を担っているのである。

2　強迫とは

これに対し、Aがだまされたのでなく、Bにおどされて甲を購入するという意思表示をした、というケースも考えられるだろう。そこで、民法は、同じ条文で、強迫による意思表示も取り消すことができる、と定めた（96条1項）。理由は、おおむね詐欺と同じである。なお、一般におどすことは「脅迫」というが、民法では、〈脅〉して意思表示を〈強〉いることまで含まれるため、「強迫」と書く。

強迫取消しについても、その要件がほとんど明文化されていないという状況は詐欺と同様だが、詐欺とほぼ同じ枠組で考えられている。つまり、相手方の事情としては、①違法な強迫行為、および強迫の故意、表意者側の事情としては、②強迫と畏怖、畏怖と意思表示それぞれの間の因果関係、である。

そして、強迫取消しについても詐欺取消しと同様、消費者契約では消費者契約法が中心的な役割を担っている。**COLUMN6** も参照されたい。

3　詐欺・強迫と第三者

CASE&Q29
Aは、祖母から譲り受けて大事にしていたブランドバックを、Bに売却した。Bはこれを、事情を過失なく知らないCに転売した。Aがだまされて、またはおどされて売却していた場合、AはCに対し、甲の返還を求めることができるだろうか？

（1）第三者保護：詐欺と強迫による違い

最後にCという「第三者」が現れた場合について考えてみよう。意思表示に

関するこれまでのルール（心裡留保、虚偽表示、錯誤）を踏まえれば、〈Ａの表示行為に対するＣの信頼〉がポイントになりそうだ、ということは、容易に想像がつくのではないだろうか。

　まず、詐欺については、錯誤と同様に、その取消しは善意無過失の第三者には対抗できない（96条3項）。理由も基本的には錯誤と同様で、心裡留保・虚偽表示の場合より、第三者が保護されるための要件が加重されている。さらに、詐欺の場合にはとりわけ、錯誤の場合よりも表意者の帰責性が小さく（相手方のせいで錯誤に陥っている）、表意者を保護する必要性は高い、と説明できるだろう。

　これに対し、強迫については、詐欺と同じ条文（96条3項）には、むしろ何も書かれていない。そこで、その条文の〈反対解釈〉として、強迫による意思表示の取消しは、第三者の主観的要件を問わず、すべての第三者に対して対抗できる、と解されている。

　したがってCASE & Q29では、Ｃが善意無過失と評せられる場合、Ａがだまされていた（詐欺）のならば、Ａは取消しを主張できない。しかし、Ａがおどされていた（強迫）のならば、Ａは取消しを主張できることになる。

　この帰結は、Ｃに酷だろうか。確かに善意無過失であったＣにとっては、Ａがだまされていたとしても、あるいはおどされていたとしても、不利益をこうむることに変わりはないかもしれない。しかし、Ａがおどされていたと知ったら、その事情には同情の余地があるかもしれない。

　このように、強迫取消しについて表意者の保護が厚くされているのは、詐欺の場合とは異なり、強迫では表意者の意思決定自体が大きく損なわれているからである。意思主義の前提となる、私的自治が損なわれている、と言っても良い。

（2）第三者による詐欺・強迫

　ところで、ＡＢ間の売買契約について、Ｄという取引に直接関係のない第三者の行為が影響することもある。CASE & Q29で、Ａが友人のＤからそのブランドの価値について誤った情報を聞き、安価で売却してしまうような場合である。

　このようなケースを**第三者詐欺**という。「第

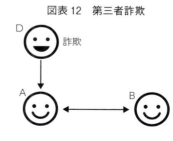

図表12　第三者詐欺

三者」の意味が（1）の事例とは異なっているが、第三者とは本来、「当事者およびその包括承継人以外の者」であったことを思い出してほしい（**SECTION 2**）。

　そして、第三者詐欺のケースでは、相手方（B）が、詐欺の事実を知っていた場合、または、知ることができた場合は、Aは売買の意思表示を取り消すことができる（96条2項）。つまり、相手方が悪意または善意有過失の場合には取り消すことができる。

　これに対し、第三者による強迫があったケースについては、ここでも何も書かれていない。そこで、強迫については第三者によるか否かを問わず、意思表示の取消しが認められている。

COLUMN 6　消費者契約に関する特別法

　消費者と事業者間の契約に関する民法の特則としては、第1に、「消費者契約法」がある。消費者契約法は、本文でも述べた通り、詐欺・強迫（民法96条）の消費者契約における特則という側面（＝契約締結過程の規制）があるが、他方では、公序良俗（民法90条、**CASE & Q21**に関する特則（＝契約内容の規制、不当条項規制）という側面がある。

　まず、契約締結過程に関する規制としては、事業者による次のような行為によってなされた消費者の意思表示の取消しが認められている。

・不実告知（真実と異なることを告げること）
・不利益事実の不告知（消費者に不利益な事実を告げないこと）
・断定的判断の提供（変動が不確実な事項について確実だと告げること）
・不退去（事業者に退去すべきことを告げても退去しないこと）
・退去妨害（消費者が退去することを告げても妨害すること）

　いずれも、事業者の故意は問わないものとされており、詐欺・強迫に関する民法の規定の困難の緩和が図られている。

　つぎに、契約内容に関する規制（不当条項規制）としては、次のような契約内容は無効とされる。

・事業者の責任を免除する条項（一切責任を負わない、など）
・消費者の解約権を制限する条項（一切キャンセルできない、など）
・平均的な損害の額を超えるキャンセル料条項
・消費者に一方的な不利益となる条項

　この他にも、「電子消費者契約法」（**SECTION 4** 参照）も消費者契約に関する錯誤の特則の1つであり、あるいは「特定商取引法」なども、消費者のクーリングオフ権を定めることによって、消費者からの契約の取消権を大幅に緩和している。

SECTION 6　意思表示の効力発生

> **CASE & Q30**
>
> Aは、Bが所有する果樹園を購入したいと考え、Bに対して、果樹園を売却してくれるよう申し込む手紙を書いた。Aは、この手紙を3/4に郵便ポストに投函し、Bの自宅に届いたのは、3/6であった。Aの意思表示の効力はいつ発生するか？

1　意思表示の効力発生時期

　意思表示は、相手方に「到達」して初めて効力が発生する（97条1項）。これを**到達主義**という（逆に、「発信」した時点で意思表示の効力が発生する考え方を「**発信主義**」という）。意思表示は「到達」しなければ効力が生じず、意思表示はなされなかったものとして扱われる。

2　「到達」の意味（97条1項）

　民法97条1項は、表意者が自らの意思表示を外部に表現して相手方に伝える手段を「通知」という文言を用いて定めている。通知は、たとえば、対話や電話、メールなど通信手段を使ったものが挙げられる。この通知が相手方に「到達」することで意思表示の効力が生じるが、この「到達」はどういう意味だろうか。

　意思表示は、一般的に、次の4つの過程を経て、相手方へ伝達されると理解されている。まず、①表意者の効果意思を言葉・文書等によって外部に示す「表白」、②①を相手方に送る「発信」、③意思表示が相手方に届く「到達」、そして④相手方が手紙やメールを読んで、表意者の意思表示を理解する「了知」、である。相手方のある意思表示の場合は、すべてこの過程を経る。目の前に相手方がいる場合や電話で相手方とやりとりする場合など、通知が時間的な隔たりがなく相手方に伝わり、相手方が直ちに反応することができる「対話者間の意思表示」は、「表白」から「了知」までのプロセスが時間の間隔なく完了することから、現実的に問題は生じない。このプロセスの中で問題が生ずるのは、「表白」から「了知」までに時間的な隔たりがある「隔地者間の意思表示」の場合である。隔地者間の意思表示において、「表白→発信→到達→了知」と

SECTION6　意思表示の効力発生

89

いうプロセスのどの段階で意思表示が生じ、意思表示の効力が発生したと考えるかである。

かつて民法は、文言上隔地者間の意思表示のみを対象として、到達主義を採用していた。しかし、理論的には対話者間の意思表示においてもどの時点で意思表示の効力が発生するかは問題となり、またインターネットを前提とした通信技術を用いることが当たり前となった今日において、即時に相手方に通知が到達する可能性もあれば、インターネット上のトラブルによって時間がかかる、あるいは不到達のおそれもある。隔地者間に限定する合理性はなく、意思表示一般について到達主義を適用することを目的として、2017年に現行の規定に改正された。

民法は到達主義を採用しているが、どのような状態になれば意思表示が「到達」したといえるのか、「到達」の意味が問題となる。判例（最判昭36・4・20民集15巻4号774頁等）・通説は、「到達」を、取引通念からみて相手方が了知することができる状態（相手方の支配圏に入ること）と解している。相手方が了知することまでは求めていない点に注意する必要がある。

3　意思表示の到達の妨害ほか（97条2・3項）

たとえば、通常であれば相手方の郵便受けに手紙を投函することができるのにもかかわらず、相手方が郵便受けへの投函ができないように、テープなどで投函口を塞いでいるような場合（受領拒否）、表意者の意思表示は成立しているのだろうか？

2017年民法改正以前の判例は、受領拒否に正当な理由があるかどうかで、到達の有無を判断してきた。この判例の趣旨を生かし、「相手方が正当な理由なく意思表示の通知が到達することを妨げたときは、その通知は、通常到達すべきであった時に到達したものとみなす」と規定された（97条2項）。また、表意者が意思表示をした後に死亡したり、意思能力を喪失したり、行為能力が制限された場合でも、意思表示の効力に何ら影響を与えない（97条3項。例外として、526条）。

当事者が、意思表示の効力の発生を合意によって発信主義にしている場合は発信主義によって意思表示の効力が発生する。また、民法上、例外的に、発信主義を採用したものとして、制限行為能力者に対する相手方からの催告への確

答として、追認または取消しの意思表示をする場合（20条）がある。民法ではないものの、特定商取引法に定められている「クーリングオフ」（特定商取引法9条2項・同24条2項など）も発信主義を採用している。これは、事業者が意思表示の通知の有無を争うことを防ぎ、消費者を保護する目的から発信主義を採用している。

4 公示による意思表示（98条）

到達主義によると、相手方に到達する必要があるから、表意者は、相手方を知っており、また相手方の所在も知っていることが必要となる。しかし、相手方が死亡した場合、相続人が誰なのか分からなかったり、どこに発信すればよいのか分からないことがある。そこで、民法は、公示による意思表示を設けることで、到達主義によって生ずる不都合を回避している。公示による意思表示は、最後に官報へ掲載した日または官報掲載に代わる掲示を始めた日から2週間経過した時に相手方へ到達したものとみなされる（98条3項）。

5 意思表示の受領能力（98条の2）

到達主義によって、意思表示は相手方に到達することによって、その効力が発生する。到達主義には、意思表示が到達し、相手方がその意思表示の内容を了知し、自己に不利益が生じないよう行動することができるという前提がある。しかし、相手方が意思表示の内容を十分に理解することができない場合であっても、到達主義を貫き、つねに意思表示の効力が生ずるとしてもよいのだろうか。民法は、意思無能力者、未成年者、成年被後見人を意思表示の受領能力を欠く者としている。そして、これらの者を保護するために、表意者は、意思表示が到達した時に、相手方が意思無能力者、未成年者、成年被後見人である場合には、その意思表示の効力を相手方に主張することができないとしている。

CASE & Q30では、Aが効果意思（Bの所有する果樹園を購入したい）を手紙に書き（表白）、その手紙を3/4に郵便ポストに投函し（発信）、3/6にBの自宅に届いている（到達）。このことから、Aの意思表示は3/6に効果が発生する。

CHAPTER 7
無効と取消し：似ているようで違うものなの？

SECTION 1　無効

> CASE & Q31
> Ａ（90歳）は、３年前に最愛の妻に先立たれた頃から認知症のような症状がみられる
> ようになった。現在では、１人で生活することも難しくなり、子Ｂが同居している。
> ある日Ｂは、Ａに対して、Ａが所有する土地（甲）（3000万円相当）を300万円で売
> るように説得し、契約書を作成した。この契約は有効だろうか？

1　無効と取消し

　法律行為が有効に成立した場合に**法律効果**（権利義務の変動）が生ずるが、一
定の場合には、その効力を生じさせない方が妥当である場合がある。民法は、
無効と**取消し**を定め、またこれまで見てきたように、さまざまな原因によって
法律行為が無効となる場合や法律行為を取り消すことができる場合が設けられ
ている。ここでは、法律行為が無効となる場合や法律行為を取り消した場合
に、どのような法律関係になるのかを学んでいく。

2　無効原因

　無効は、実際に行われた法律行為・意思表示が、そもそも法的には意味を認
められないことをいい、その結果として、その法律行為に基づく法律効果が発
生しないこととなる。無効原因は、①意思無能力（３条の２）、②公序良俗違反
（90条）、③強行法規違反（91条）、④心裡留保（93条）、⑤虚偽表示（94条）がある。

3　絶対的無効と相対的無効

　無効は、法律行為・意思表示の効力が初めから認められないことから、原則
として、無効は誰からでも、誰に対しても、いつまでも主張することができ
る。このような原則的な無効は**絶対的無効**と呼ばれる。これに対して、表意者
のみが無効を主張することができる場合（①）や善意の第三者に対しては無効

を主張することができない場合（④・⑤）のように、「絶対的無効」と異なり、無効を主張する者が限られていたり、主張できる相手が限られているものがある。このような無効は**相対的無効**（取消的無効）と呼ばれている。これらは、表意者自身の利益を保護する観点から解釈されたりや権利者であるかのような外観が作出され、その外観を信じた者を保護する趣旨から規定されているものである。

4　無効の効果（取消しの効果）

　無効と取消しの効果は共通する。無効な法律行為に基づく債務の履行がまだなされていない場合には、仮に履行の請求があっても、それを拒絶することができる。すでに履行されている場合には、法律行為がなかった状態（原状）に戻す必要がある。このような義務を**原状回復義務**という（121条の2第1項）。原状回復の内容は、給付の巻き戻しであり、無効な法律行為によって給付された現物を返還することが基本となり（**現物返還義務**）、現物を返還することができないときは価額で返還することになる（**価額償還義務**）。

　例外的に、原状回復ではなく、**現存利益**の範囲で回復義務を負う場合がある（121条の2第2項。「現に利益を受けている限度」）。すなわち、無効な無償行為に基づく債務の履行として給付を受けた者が、給付を受けた当時無効であることを知らなかった場合（121条の2第2項）、意思無能力者・制限行為能力者による無効の場合（121条の2第3項）である。前者は、無償で給付を受けることができると信頼した受領者が原状回復義務を負うとすると、不測の損害を与えるおそれがある。そのため、善意者保護の観点から善意である場合に限られるとされている。また、後者は、法律行為が無効または取消しとなったのにもかかわらず原状回復義務を負うとすると、結果的に法律行為による不利益が残ることになる。意思無能力者・制限行為能力者の保護の観点から善意・悪意を問わずに、回復義務の範囲は現存利益に限られるとされている。

　無効は、通常は法律行為の全ての部分について無効となるが（**全部無効**）、法律行為の全体ではなく、一部のみが無効となる場合（**一部無効**）がある（たとえば、利息制限法1条3項など）。

5 無効行為の追認

　無効な法律行為は、原則として、**追認**によって有効とならない（119条本文）。無効な法律行為を有効な行為にしたいという意思表示をしても、新たな行為をしたものとみなされる（119条但書）。ただし、たとえば、公序良俗違反に基づく無効は、新しい行為によっても有効になるわけではない。

　CASE＆Q31では、Aは、意思無能力者であると考えられ（3条の2）、甲の売買契約は無効となる。ただし、無効は、意思無能力者であるA（ないし代理人）のみが無効を主張することができる。

SECTION 2　取消し

> **CASE & Q 32**
> Ａ（15歳）は、自身が所有するゲーム機を5万円でＢに売却した。その後、Ａは未成年者であることを理由に、ＡＢ間の売買契約を取り消した。ＡはＢからゲーム機を返還してもらったが、併せてＢから5万円の返還を求められた。ところが、Ａはこの5万円のうち3万円をすでに別のゲームソフトを購入するために費消していた。ＡはＢに対していくら返さなければならないだろうか。

1　無効と取消しの違い

　取消しは、無効と異なり、一応有効に成立している法律行為・意思表示を、遡及的に無効とするものである。取消しの意思表示がなされなければ、法律行為は有効なままであり、取消権者による取消しの意思表示によって初めて法律行為・意思表示は初めから無効となる（121条）。その結果、無効の場合と同様の処理がなされる。

2　取消原因・取消権者・取消権の行使期間

　取消原因は、①制限行為能力者（4〜21条）、②錯誤（95条）、③詐欺・強迫（96条）がある。

　取消権者は、①の場合は、制限行為能力者またはその代理人・承継人（前主からの権利義務などの法的地位を引き継いだ者、たとえば、相続人）もしくは同意権者（120条1項）、②・③の場合は、意思表示をした者、その代理人、承継人に限られる（120条2項）。

　取消権は、追認する時から5年、行為の時から20年が経過することにより、時効によって消滅する（126条）。

3　法律行為の追認

　取消しの意思表示がなされれば法律行為は遡及的に無効となるが、取消しの意思表示がなされるまでは、法律行為が無効となるのか否か、不安定な状態にある。民法は、取消しだけでなく、法律行為を確定的に有効とする手段として

「追認」を設けている。取り消すことができる法律行為は、追認によって有効に確定し（122条）、相手方に対する意思表示によって行わなければならない（123条）。

　追認は、①取消しの原因となっていた状況が消滅し、かつ、②取消権を有することを知った後にしなければならない（124条）。①は、たとえば、制限行為能力者が行為能力者になった後に、強迫されてる状況がなくなった場合などを意味する。②については、追認することは取消権を放棄することを意味するので、取消権が発生していることを知っていなければならないとされる。

　このような自覚的な追認の他に、法定追認があり、追認を前提とする一定の行為がなされた場合（125条1号〜5号）には、相手方の信頼を保護する観点から一律に追認したものとみなされる。

　CASE & Q32では、Aは15歳であることから、売買契約を取り消すことができる。遡及的に無効となり、原状回復義務が生ずることから、BはAに対してゲーム機を返還する義務が生ずる。他方、Bは、本来であれば5万円を返還することになるが、Aが制限行為能力者であることから、現存利益で返還すれば足りることになる（121条の2第2項）。Aは5万円のうち3万円をゲームソフトの購入に充て、2万円しか残っていないことから、2万円を返還すればよいように思われる。しかし、3万円のゲームソフトがAの手元に残っている。Aは、3万円のゲームソフトを購入するためには自己の財産から支出することになるが、取消しの対象となった法律行為によって得た利益を出費に充てたことで、自己の財産が残っているという利益を受けていると概念上考えられる（**出費の節約**）。このため、現存利益があると考えられ、ゲームソフト代（3万円）も返還しなければならない。なお、仮にAが3万円をゲームセンターのゲーム代に使った場合は、現に利益を受けている状態とはいえず、2万円のみを返還すればよいことになる。

CHAPTER 8
代理：誰かが本人に代わって法律行為をすることができる？

SECTION 1　代理権・代理人の行為能力・顕名・代理行為

CASE & Q33

　Aは、絵画（甲）の売却に関する代理権を美術商Cに与えた。Cは、購入を希望したBに甲を売却した。

　Q1）CがAを代理して売ることをBに告げないでCが売主であるとして甲を売却した場合、AとBとの間で売買契約は成立するだろうか？

　Q2）Bの本心は購入の意思がない冷やかしであったところ、この事実についてAが悪意であったが、Cは善意無過失でBに甲を売却した場合、Aは、Bに代金の支払いを請求できるだろうか？

　Q3）Cは、Aの許諾を得ないで、自己の代わりに甲の販売を美術商Dに委託し、DがAを代理して売ることをBに告げて甲を売却した場合、Bは、Aに甲の引渡しを請求できるだろうか？

1　代理の意義

　代理とは、本人に代わって代理人が意思表示をし（**能働代理**：99条1項）、または相手方から意思表示を受ける（**受働代理**：99条2項）ことで、意思表示の効果が本人に帰属する制度である。代理は、意思表示や準法律行為で認められるが、不法行為や事実行為または本人の意思決定が重要な婚姻・縁組・遺言などの身分行為では認められない。

2　有効な代理の要件と効果

　代理人がした法律行為（**代理行為**）は、①代理人に**代理権**があり、②代理人による**顕名**がなされれば、その効果は本人に帰属する（**他人効**）。代理権とは、代理人が本人に代わって法律行為を行う権限であり、代理行為の効果を本人に帰属させるのに必要な代理人の地位ないし資格と解される。また、顕名とは、代理行為が本人のためであると示すことである。顕名なくされた代理行為は、無効となり、代理人が自己のためにした行為とみなされる（100条本文）が、顕名

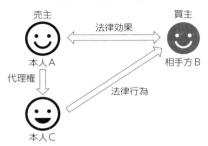

図表13　代理と効果

がなされなくても、本人のための代理行為であると相手方が知っていたか知ることができたとき（100条但書）は、その効果は本人に帰属する。そのため、Cによる顕名がないQ1）では、Cの行為がAの代理人としての行為であるとBが知っていたか知ることができたときを除き、AB間の売買契約は成立しない。なお、Cによる顕名なき意思表示は、Cが自己のためにしたとみなされるので、Cは、Bの甲の引渡請求に応じて、甲を取得してBに引き渡す義務を負う（561条）。

ところで、代理行為の主体は、代理人と解される。代理人は、行為能力者でなくてもよいが（102条本文）、意思表示の主体である以上、意思能力は必要と解される。なお、制限行為能力者が制限行為能力者の法定代理人としてした行為は、本人保護のため取り消すことができる（102条但書）。

3　代理権の発生原因と内容

代理権には、**法定代理**と**任意代理**とがある（法人の代表は「**CHAPTER 3** 法人」参照）。法定代理では、単独で法律行為を行うことが困難な意思無能力者や制限行為能力者の私的自治の補充のために、法令の規定等（親権者（818条・824条）、未成年後見人（838条1号）、成年後見人（843条）、など。なお、最判昭36・11・30民集15巻10号2629頁は、事務管理は代理権を包含しないとする）により代理権が**法定代理人**に付与される。また、任意代理では、本人の私的自治の拡張のために、本人により代理権が**任意代理人**に付与される。任意代理における代理権授与の意思表示は、口頭でもよいが、委任状が交付されることも多い。もっとも、委任状は、代理権授与の証拠に過ぎない。なお、法定代理人の自己都合による辞任は制約されるが、任意代理人の辞任は自由である（651条1項参照）。

任意代理では代理権は、委任に類似した契約（**内部契約**）とは別個独立の代理権授与行為によって生じる。代理権授与行為の法的性質は無名契約と解される。なお、内部契約が瑕疵等を理由に無効や取消しとなれば、代理行為の根拠は遡及的に消滅する。取消しが本人による場合、代理行為は無権代理となるが、代

理人による場合には、代理行為は取引の安全のため非遡及的に無効となる。

代理権の内容は、法定代理ではすべて法令の規定に依拠し、任意代理では内部契約に依拠するが、その範囲が明確でない場合には管理行為に限定される（103条）。なお、法定代理の代理権の範囲が法定されていない場合には、選任などの一定の手続内で定められる。

代理行為に瑕疵がある場合、その事実の有無は代理人について判断される（101条1項・2項）が、本人から特定の法律行為をすることを委託された代理人がその行為をしたときは、本人の悪意または過失が考慮される（101条3項）。そのため、**Q2）**では、Bの心裡留保に関してAの事情は考慮されないから、Cが善意無過失なら、ＡＢ間の売買契約は有効となるのが原則であるが、Aが甲の売買を委託した事情のもとでは、公平ないし信義則の観点から、Aの悪意が考慮され、売買契約は無効（93条1項但書）となり、AはBに代金の支払いを請求できない。

4 復代理

代理人（**本代理人**）は、**復代理人**を**復任**して自己の権限内の行為を行わせることができ、復代理人がした法律行為の効果は本人に帰属する。なお、本代理人は代理権を失わない。法定代理人は、自己の行為の場合と同様に全責任を負うことで自由に復任することができるが（105条前段）、やむを得ない事情があるときは、選任・監督についてのみ本人に対して責任を負う（105条後段）。任意代理人は、自己執行義務があり、①本人の許諾を得たときか②やむを得ない事由があるとき以外にされた復任は無効となる（104条）。復代理人は、本人の代理人となり（106条1項）、本人および第三者に対して、その権限の範囲内において代理人と同一の権利義務を負う（106条2項）。そのため、**Q3）**では、任意代理では①また

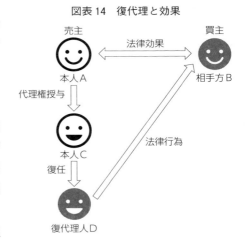

図表14　復代理と効果

は②（104条）以外に復任は許されないから、Aの代理人でないDの行為は無権
代理となり、AB間の売買契約は成立しない。この場合、Cには無権代理責任
（117条）が生じる。

5　代理権の消滅

　代理権は、一般的消滅事由（111条1項）のほか、法定代理では代理権ごとの
規定により、また、任意代理では委任の終了（111条2項）により消滅する。復
代理権は、代理権の一般的消滅事由ほか、代理人・復代理人間の代理権授与行
為の消滅、代理人の代理権消滅によって消滅する。

COLUMN 7　代理と類似の制度

　代理と類似する制度には、①使者、②間接代理、③授権がある。①使者とは、意思
表示を相手方に伝える者で、代理人のように自ら意思表示は行わない。使者は、❶意
思決定の権限が本人にある、❷法律行為の瑕疵などの事情の有無は本人について判断
される、❸本人の意思に反する行為は錯誤による意思表示になる（大判昭9・5・4民
集13巻633頁）、そして❹原則として復任は許される、など代理との違いがある。②間
接代理とは、他人の計算において自己の名で法律行為をするもので、法律効果はいっ
たん間接代理人に帰属した後、その他人に移転する（商法551条参照）。③授権とは、
自己の名で法律行為をしながら、他人効を発生させるもので、委託販売等は処分授権
（最判昭29・8・24集民15号439頁）とされる。

SECTION 2　利益相反行為の禁止、代理権の濫用

> **CASE & Q34**
> Aは、所有するマンション（甲）（乙）（丙）およびその他の不動産を賃貸や売却して利益を得ている。Aは、甲・乙・丙等の管理および処分に関する行為に関する代理権をCに与えた。
> Q1）Cは、Aの代理人として、甲を相場価格より安値でCに売却し、その所有権登記をCに移転した。Aは、Cに甲の返還と登記の抹消を請求できるだろうか？
> Q2）Cは、Bからもマンション購入に関する代理権を与えられ、AとBの双方の代理人として、乙を相場価格より安値でBに売却し、乙をBに引き渡して所有権登記を移転した。Aは、Bに乙の返還と登記の抹消を請求できるだろうか？
> Q3）Cは、自己の借金返済のために、Aの代理人として、丙について相場価格でBに売却し、引渡しも所有権登記の移転も済ませ、その代金で借金を返済した。Aは、Bに丙の返還と登記の抹消を請求できるだろうか？

1　代理権行使の制限

代理人は、代理権の範囲内であっても、自己契約、双方代理、利益相反行為や代理権の濫用にあたる場合、代理権の行使を制限されることがある。

2　自己契約・双方代理等の禁止

代理人が自己を相手方として本人のためにする**自己契約**や代理人が法律行為の両当事者の代理人として行為する**双方代理**は、本人の利益を害する内容であっても代理人が1人で行為を決めることができる。そのため、自己契約や双方代理は、その危険から本人を守るために、原則として無権代理とみなされる（108条1項本文）。ただし、かかる行為が、①既存債務の履行や②本人があらかじめ許諾した行為であれば、その効果は本人に帰属する（108条1項但書）。なお、債務の履行にあたらなくても、登記申請（大判昭19・2・4民集23巻1号42頁）や公正証書の作成（最判昭26・6・1民集5巻7号367頁）などは、本人に新たな不利益を生じない行為として許される。

また、自己契約や双方代理に加えて、代理人と本人との利益が相反する**利益相反行為**も、本人があらかじめ承諾していないときは、無権代理とみなされる

（108条2項）。108条2項但書では「債務の履行（同条1項但書）」が規定されないが、債務の履行は、利益相反行為にはあたらないから、108条2項においても許される。また、その行為が利益相反にあたるかは、代理人の動機や目的は考慮されず、行為の外形から客観的に判断すべきとされる（826条の利益相反行為に関する最判昭42・4・18民集21巻3号671頁参照）。

　なお、自己契約、双方代理、そして利益相反行為は無権代理とみなされるので、無権代理に関する規定が適用される。もっとも、自己契約、双方代理（101条2項により双方の本人が悪意となる）、一般的利益相反行為は、相手方に悪意が認められるため、相手方は取消権（115条）を行使できず、無権代理責任（117条）や表見代理責任は生じない。

　そのため、自己契約にあたるＱ1）も双方代理にあたるＱ2）も、②（108条1項但書）なき限り、無権代理とみなされる。Ｑ1）では、ＣはＡの請求を拒むことはできず、Ｑ2）では、ＢはＡの請求を拒むことはできない。もっとも、Ｑ1）でもＱ2）でも、Ａが追認（116条）をすれば、遡及的に有権代理となる。

3　代理権の濫用

　代理人が代理権の範囲内で自己または第三者の利益を図る目的でした代理行為は、**代理権の濫用**となる。代理人が濫用の意図をもってした代理行為は、代理権の範囲内での行為であるから、原則として本人にその効果は帰属するが、相手方がその目的を知り、または知ることができたときは、代理権を有さない者がした行為とみなされる（107条）。代理権の濫用は、代理人の行為が代理権授与の趣旨を逸脱するかで判断されるべきであるが、その行為が代理権の濫用にあたるかは、行為の外形からは客観的に明白でないため、本人が相手方の悪意または有過失を立証したときに、無権代理とみなされる。かかる行為は無権代理とみなされるので、無権代理に関する規定が適用されるが、相手方は、代理人の意図を知り、または知ることができており、表見代理責任は生じない。そのため、Ｑ3）では、Ｃの行為は、自己の利益を図る目的でした行為であり、代理権の濫用にあたる。Ｃの行為は、原則としてＡにその効果が帰属するので、Ａの請求は認められないが、ＢがＣの目的について悪意または有過失であれば、無権代理とみなされ、Ａの請求は認められる。

4 第三者の保護

自己契約・双方代理行為・利益相反行為または権利の濫用として無権代理とみなされた法律行為を基礎として取引に入った第三者の保護については、平成29年民法改正では規定されなかった。そこで、このような第三者は、192条の動産の即時取得や94条2項の類推適用により保護される余地を指摘される（最判昭44・11・14民集23巻11号2023頁）。

SECTION 3 　無権代理

> **CASE & Q35**
> 高齢者Aは、要介護認定を受けた。Aの子Cは、Aの介護施設への入所費用を賄うため、A所有の絵画（甲）の売却に関する代理権を与えられていなかったが、Aを代理して、甲を500万円でBに売却した。
> Q1）Bは、事後にCに代理権がないと知ったとき、Aに甲の引渡しを請求できるだろうか？　また、Bは、この請求が認められない場合、Cの責任を追及できるだろうか？
> Q2）Aに成年後見人として弁護士Dが選任された。Dには、甲の売却額が適正かつAのためにその代金は必要に思えた。Dがとりうる手段はあるだろうか？　また、Bがとりうる手段はあるだろうか？
> Q3）Aが死亡して甲をCが単独相続した場合、Cは、Bの甲の引渡請求を拒絶できるだろうか？　また、Cが死亡してAがCを単独相続した場合、Dは、Aのために、Bの甲の引渡請求を拒絶できるだろうか？

1　無権代理と無効

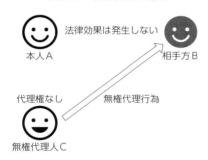

図表15　無権代理と効果

　代理権のない者が代理行為（**無権代理行為**）をすることを**無権代理**、その行為をした者を**無権代理人**という。無権代理による契約は、無権代理人Cには代理権がないから、原則として、本人Aと相手方Bとの間に効力は生じず（113条1項）、無権代理人Cには自己のためにする効果意思がないので、CとBとの間でも効力は生じない（**不確定的無効**）。

2　無権代理の相手方の保護

　無権代理の相手方は、無権代理人に対して、本人がするはずの履行または履行されたなら得られたであろう利益（**履行利益**：最判昭32・12・5新聞83＝84号16頁）についての損害賠償のいずれかを選択して請求することができる（117条1

項）。もっとも、相手方が履行を選択しても、特定物の引渡しが給付の目的であるときは履行できないので、履行責任は賠償責任に転形する。なお、無権代理人は、自己に代理権があると過失なく信じて無権代理行為をしたとしても責任を免れない。無権代理人は、①自己の代理権の存在（117条1項）、②本人の追認（同条1項）、③相手方が契約締結時に代理権の不存在を知り、または知らなかったことにつき過失があること（同条2項1号・2号）、④契約締結時に自己が制限行為能力者であること（同条2項3号）、または⑤相手方の取消権の行使（115条）のいずれかを主張・立証すれば無権代理責任を免れる。もっとも、相手方が悪意または有過失であっても、無権代理人が契約締結時に自己に代理権がないと知っていたと相手方が立証したときは、無権代理人は責任を免れない（同条2項2号但書）。そのため、**Q1）**では、代理権のないCによる甲の売却行為は無権代理行為であるからAB間で契約は成立せず、AはBの請求を拒むことができる。また、この場合に、Bは契約締結時には悪意でも有過失でもなかったのであるから、Cは無権代理責任を免れることはできず、Bの選択に従って、甲の引渡しか損害賠償の責任を負うが、特定物である甲の引渡しは実現しないであろうから、Bは、Cから損害賠償を受けられるにとどまる。

　なお、単独行為の無権代理については、その行為時に、相手方が、①相手方が無権代理行為に同意していたとき、または②遅滞なく代理権を争わなかったときは、民法113条〜117条が準用される（118条）。

　ところで、無権代理行為は、その効果が本人に帰属しないことが原則であるが、本人がその効果を引き受けてもよいと考えて追認したり、表見代理が成立（「**SECTION4** 表見代理」参照）すれば、他人効が発生する。本人には、無権代理行為の効果の属否を確定させる資格が認められるので、本人は、自己の意思表示のみによって、無権代理行為の効果が自己に帰属すること（**追認権**：113条1項）、あるいは無権代理行為の効果が自己に帰属しないことを確定させることができる（**追認拒絶権**：113条2項）。なお、追認拒絶後は、本人も追認することはできなくなる（最判平10・7・17民集52巻5号1296頁）。

　本人が無権代理による契約を追認すると、その効力は、無権代理人の行為が有効であれば契約が成立したはずの時に遡及して本人に帰属することとなるが、本人が別段の意思表示をし、相手方がこれに同意したときは遡及しない（116条本文）。また、追認の遡及効は、追認までに相手方から権利を取得した第

三者の権利を害することはできない (116条但書)。なお、追認や追認拒絶は、単独行為であり、無権代理人と相手方のいずれに対してしてもよく、相手方や無権代理人の同意は要しない。ただし、無権代理人に対してした追認や追認拒絶を相手方に対抗するには、相手方がその事実を知らなければならない (113条2項)。

相手方は、無権代理による契約により不安定な立場に置かれるが、本人に対して相当の期間を定めて追認の可否を確答すべき旨の催告をしたり (**催告権**：114条前段)、自身が契約締結時に悪意でなければ、本人が追認しない間は契約を取り消す (**取消権**：115条) ことで、この不安定な状態を解消することができる。本人が追認したときは、無権代理は有権代理となり、また、相手方が取消権を行使したときは、無権代理による契約は消滅するので、これらの場合、相手方は無権代理人の責任を追及できなくなる。なお、相手方が催告をした場合に、本人からの確答がその期間内に相手方に到達しないときは、本人は追認を拒絶したものとみなされる (**追認拒絶擬制**：114条後段)。

そのため、**Q 2**) では、Cの行為がAの利益となり、Aに効果を帰属させてもよいと考えたDが、Aの代理人としてCの行為を追認すれば、Cの行為による契約締結時に遡及して売買契約はAB間で有効となる。また、Cは、Aに契約の効果の属否を催告するか、あるいは契約締結時に悪意でなければ、契約を取消すことで、自己の不安定な状態を解消することができる。

3 無権代理と相続

①無権代理人Cが本人Aを単独で相続したとき、Cは、自身の無権代理行為についてAの立場で追認を拒絶したり、Aがすでにしていた追認拒絶の効果を主張することができるか、②AがCを単独で相続したとき、Aは、Cの無権代理行為についてCの立場で追認を拒絶できなくなるかが問題となる。

まず、①CがAを単独で相続したときは、Cは、Aの立場で追認拒絶することはできない。これは、相続により

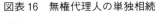

図表16 無権代理人の単独相続

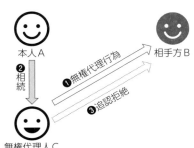

無権代理人の資格が本人の資格と融合し、無権代理行為は本人自身の法律行為として有権代理となるからとされる（大判昭2・3・22民集6巻106頁、最判昭40・6・18民集19巻4号986頁など）。また、資格の融合は否定しながら、無権代理人が本人の資格で追認を拒絶することは信義則上許されないと説示する最高裁判決（最判昭37・4・20民集16巻4号955頁、最判昭63・3・1家月41巻10号104頁）もある。なお、Aが追認拒絶をした後にCがAを相続したとしても、無権代理行為は有効とはならない（最判平10・7・17民集52巻5号1296頁）。そのため、Q3）におけるCがAを単独相続した場合には、Cは、資格の融合を肯定したときはもとより、資格の融合を否定したとしても、信義則上、Aの資格で追認拒絶をすることはできず、Bの請求を拒むことはできない。

では、無権代理人が他の相続人と本人を共同で相続したときどうであろうか。この場合、無権代理人による追認拒絶は許されないが、他の共同相続人は追認拒絶をすることができるので、共同相続人のうち1人でも追認拒絶すれば、本人に効果が帰属しないことが確定する（最判平5・1・21民集47巻1号265頁、最判平5・1・21判タ815号121頁）。追認は、共同相続人全員によらなければ、法律行為は本人に対する効力を全く認められないからである。

つぎに、②AがCを単独で相続したときは、資格は融合せず、無権代理の被害者であるAは、追認拒絶権を失わず、追認拒絶をしても信義則により制限されることはない（最判昭37・4・20民集16巻4号955頁）。もっとも、Aは、追認拒絶により法律行為の効果が帰属しないことは確定するが、相続により無権代理人の責任を承継し、無権代理人としての履行の責任（117条）を免れない（最判昭48・7・3民集27巻7号751頁）。そのため、Q3）におけるAがCを単独相続した場合には、Aは、信義則により追認拒絶の制限を受けないから、本人の立場でBの請求を拒むことはできるが、Aは、Bの地位を承継するので、無権代理人の責任（117条）を免れることはできない。もっとも、債務の内容が特定物の給付である場合には、Aは、117条の履行責任に応じる必要はないとの見解が提出される（最判昭49・9・4民集28巻6号1169頁参照）。

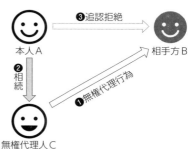

図表17　本人の相続

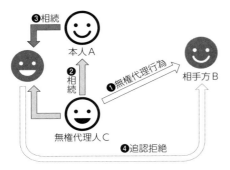

図表18　第三者の相続

　ところで、①②以外に③相続人が無権代理人と本人の双方を順次相続したときはどうであろうか。CをAと他の共同相続人が共同で相続した後に、その共同相続人がAを単独で相続したときは、その共同相続人は本人の資格で追認を拒絶する余地はなく、本人自ら法律行為をしたと同様の法律上の地位ないし効果が生じる（最判昭63・3・1家月41巻10号104頁）。他方で、AをCと他の共同相続人が相続した後に、Aをその共同相続人が相続した場合についての最高裁判決は存在しない。

SECTION 4　表見代理

> **CASE & Q36**
>
> 旅館の女将Aは、経営建直しのため、経営業務およびA所有の土地（甲）の管理・処分や他から融資を受けることに関する代理権を経営コンサルタントCに与える旨の委任契約の締結を考え、契約締結前に甲の登記済証・委任状・実印をCに交付した。
>
> Q1）Aは、B銀行にCを代理人とする旨を伝えたが、実際にはCに代理権を与えなかった。ところが、Cは、Aの代理人として、Bから3000万円の融資を受け、Bのために甲に抵当権設定契約を締結し、その登記をした。Aは、Bに登記抹消の請求をできるだろうか？
>
> Q2）AがCに代理権を与えた場合に、Cは、Aの代理人として、Bから5000万円の融資を受け、Bのために甲とA所有の建物（乙）に抵当権を設定する契約を締結した。Aは、Bの乙についての抵当権設定登記を拒絶できるだろうか？
>
> Q3）Cは、Aとの契約が終了して代理権が消滅した後、Aの代理人として、Bから3000万円の融資を受け、Bのために甲に抵当権設定契約を締結し、その登記をした。Aは、Bに登記抹消の請求をできるだろうか？

1　表見代理

　表見代理責任とは、無権代理において、本人に代理権が存在するという外観の作出に一定程度関与するなどの帰責性があり、相手方が代理権の存在を信じたときに、あたかも代理関係があったと同様に扱い、その行為の効果を本人に帰属させるものである（**表見法理**ないし**権利外観法理**）。表見代理が成立する場合、相手方は、表見代理か無権代理のいずれかを選択して主張することができるが、相手方以外が表見代理の成立を主張することはできず、無権代理人が表見代理の成立を主張して117条の責任を免れることはできない（最判昭62・7・7民集41巻5号1133頁）。なお、表見代理が成立する場合でも、相手方は、催告権（114条）や取消権（115条）を失わず、本人は、追認権（113条1項）を失わない。

2　代理権授与表示による表見代理

　①他人に代理権を与えた旨を第三者に表示したが、②実際には代理権を与えなかったのに、その他人が表示された範囲内で代理人として行為した場合にお

いて、本人は、その行為について表見代理責任を負う（109条1項本文）。ただし、③本人が、第三者が代理権の不存在を知り、または知らなかったことにつき過失があったと立証したとき（最判昭41・4・22民集20巻4号752頁）は、本人は表見代理責任を免れる（109条1項但書）。なお、第三者は、代理権授与の表示を受けた相手方に限られ、転得者は含まれない（大判明38・2・21民録11輯196頁）が、広告の方法による表示の場合は万人が対象となる。また、代理権授与の表示は、準法律行為のうちの観念の通知とされ、明示であると黙示であると、口頭であると書面であると、また、特定の第三者に対する表示であると一般的な表示であるとを問わず、客観的事情からかかる表示があったと評価できれば足りる。代理権授与の表示とはいえない本人が自己の名義を使用して取引することを他人に許した場合にも、本人の表見代理責任が認められる（最判昭35・10・21民集14巻12号2661頁）。そのため、**Q1）**では、Aが代理権を授与しなかったCの行為は無権代理となるが、AがBにCを代理人とする旨を表示した以上、Bの信頼は保護され、Bが代理権の不存在について悪意または有過失でなければ、Aは、Bの請求を拒むことはできない。

　ところで、その他人が109条1項により責任を負うべき場合において、その他人が表示された代理権の範囲外の行為をしたときは、第三者がその行為についてその他人の代理権があると信ずべき正当な理由があるときは、本人に表見代理責任が発生する（109条2項）。正当な理由とは、相手方が、代理権授与の表示を、その文言にもかかわらず、当該事項についての代理権授与を知らせるものと受けとめても仕方ない場合に認められるとの見解が提出される。なお、109条の表見代理は、109条1項および2項が「他人に代理権を与えた旨を表示した者」の責任とするから、任意代理の場合にしか成立しない。

3　権限外の行為

　①ある行為について本人を代理する権限（**基本代理権**）を有する者が②代理権の範囲を超える行為をした場合において、③第三者がその権限があると信ずべき正当な理由を有するとき、本人は、代理人のその行為について表見代理責任を負う（110条）。なお、第三者は、無権代理行為の直接の相手方に限られ、転得者は含まれない（最判昭36・12・12民集15巻11号2756頁）。また、正当な理由とは、代理権の存在を信じたことにつき過失がなかったこととされ（最判昭35・

12・27民集14巻14号3234頁)、相手方が自己の善意無過失を立証する責任を負うのが裁判実務となっている。なお、代理権の存在を疑わせる客観的事情があれば、相手方は代理権の存否について適当な調査・確認をしなければならない（最判昭51・6・25民集30巻6号665頁）。

基本代理権は、事実行為の権限ではなく、あくまでも代理権が必要とされる（最判昭35・2・19民集14巻2号250頁）。公法上の行為についての代理権はこれにあたらない（最判昭39・4・2民集18巻4号497頁）。もっとも、公法上の行為たる登記申請にかかる代理権は、私法上の契約の義務の履行のためになされるものであるから、基本代理権にあたるとされる（最判昭46・6・3民集25巻4号455頁）。また、基本代理権は、110条の文言からは任意代理権に限られない。夫婦の一方が日常家事代理権（761条）を越えて第三者と法律行為をした場合に、相手方がその行為が日常家事に関する法律行為だと信ずるにつき正当な理由があるときに限り、110条の趣旨を類推して表見代理が成立した（最判昭44・12・18民集23巻12号2476頁）。なお、越権行為は基本代理権と同種のものである必要はない（大判昭5・2・12民集9巻143頁）。

そのため、Q2）では、授与された代理権の範囲外のCの行為は無権代理となるが、BがCの権限があると信ずべき正当な理由があるときは、AはBの請求を拒むことはできない。

4　代理権消滅後

①ある行為について本人を代理する権限を有していた者が②代理権消滅後にかつての代理権の範囲内で代理人として行為をした場合において、③第三者が代理権の消滅の事実を知らなかったときは、本人は、その行為について表見代理責任を負う（112条1項）。ただし、④第三者が代理権消滅の事実を知らなかったことにつき過失があったときは、本人は表見代理責任を免れる（112条1項但書）。なお、第三者は、無権代理行為の直接の相手方に限られる（大判昭2・12・24民集6巻754頁）。また、相手方の善意無過失については、善意であることは第三者が、過失があることは本人が立証しなければならない。善意無過失の判断においては、相手方の過去の取引履歴の有無が考慮されるが、112条の表見代理の成立には、相手方に代理権消滅前に代理人と取引したことまでは要しない（最判昭44・7・25集民96号407頁）。そのため、Q3）では、代理権が消滅した後

のCの行為は無権代理となるが、過去に存在した代理権がCの行為時には消滅していたという事実についてBが善意無過失であれば、AはBの請求を拒むことはできない。

　ところで、その他人が112条1項により責任を負うべき場合において、その他人がかつての代理権の範囲外の行為をしたときは、第三者がその行為についてその他人の代理権があると信ずべき正当な理由があるときは、本人に表見代理責任が発生する（民法112条2項）。なお、112条の表見代理は、112条1項および2項が「他人に代理権を与えた者」の責任とするから、任意代理の場合にしか成立しない。

COLUMN 8　白紙委任状と表見代理——白紙委任状の濫用

　白紙委任状が交付されたが、①予定外の者が委任状を取得して代理人として行為したり、②被交付者が予定外の行為をしたときは、無権代理となる。しかし、委任状により代理権授与の表示がなされているので、本人に表見代理責任が認められうる（もっとも、最判昭39・5・23民集18巻4号621頁は代理権授与の表示の存在を否定する）。①の場合には、白紙委任状の転得者が直接の被交付者と同視できるときは特定他人（最判昭45・7・28民集24巻7号1203頁）として109条が適用され（最判昭42・11・10民集21巻9号2417頁）、②の場合には、109条以外にも110条が適用されうる。もっとも、委任事項欄が顕著に濫用されたときには、予定外の結果から本人を保護する必要から、相手方の悪意または過失を認定しうる場合には表見代理の成立が否定される（最判昭41・4・22民集20巻4号752頁）。

CHAPTER 9
条件・期限、期間：契約が成立すればすぐに効果が生じる？

SECTION 1　条件

CASE＆Q37

　Aは、親戚の大学生Bとの間で、C社への就職が内定すればAの車（甲）を贈与するという契約を締結した。しかし、契約締結時点でBはすでにC社への就職が内定していた。この場合、贈与契約はどうなるのか？

1　意　義

　CASE＆Q37では、贈与契約自体はAとBが合意をした時点で成立するが、実際に甲を引き渡すよう請求することができるのはBがC社から内定をもらった時である。しかし、C社から内定をもらえるかどうかは不確実であって、内定がもらえなければ、Bは甲の引渡しを請求できない。このように、契約の効果の発生が、将来発生するかどうかが不確実な事実にかかっている場合がある。このような契約のことを条件付契約という。

　条件には停止条件と解除条件という2つの種類がある。法律行為の効力がその成就の時から生ずる条件のことを**停止条件**といい（127条1項）、**CASE＆Q37**の条件がこれにあたる。これに対して、法律行為の効力がその成就の時から失われるというタイプの条件もある。これを**解除条件**という（同2項）。卒業まで学費を援助するが留年したら援助を打ち切るというときの「留年したら」というのがその例である。

　停止条件も解除条件も条件成就の時から効力が生じたりなくなったりするのが原則であるが、当事者が条件成就の効果を遡らせる意思を表示したときは、過去に遡って効力が生じたりなくなったりする（同3項）。

　なお、何にでも条件を付けられるわけではなく、婚姻、離婚、養子縁組などの身分行為は、身分秩序の安定という理由から条件を付すことができない。また、取消し、追認、解除などの単独行為も、相手方の地位を不安定にしてしまうため、条件を付すことができない。

2 特殊な条件

契約を締結した時に既に条件が成就していることもある。このような条件のことを**既成条件**というが、この場合、条件が停止条件であればその法律行為は無条件となり、条件が解除条件であればその法律行為は無効となる（131条1項）。したがって、**CASE & Q37**の契約は無条件の契約となり、Bは直ちに甲の引渡しを請求することができる。契約締結時に条件不成就が確定しているということもあり、このような場合は、条件が停止条件であればその法律行為は無効となり、条件が解除条件であればその法律行為は無条件となる（131条2項）。

条件が不法である場合もある。このような条件を**不法条件**という。「誰々を殺害したら」といった条件が典型であるが、公序良俗に反するものであるから、そのような条件を付した法律行為は無効となる（132条前段）。不法な行為をしないことを条件とする契約も同様に無効となる（132条後段）。

社会通念上、実現することがありえない条件もあり、このような条件のことを**不能条件**という。そして、停止条件が実現不能であった場合、そのような条件を付した法律行為は無効となり（133条1項）、解除条件が実現不能であった場合、そのような条件を付した法律行為は無条件となる（133条2項）。

その実現が債務者の意思のみに係る条件も考えられるが、これを**純粋随意条件**という。「気が向けば100万円を贈与する」というときの「気が向けば」という条件がこれにあたる。もっとも、気が向かなければいつまで経っても贈与してもらえないわけであるから、実際上は意味のない条件である。したがって、このような条件を停止条件とする法律行為は無効となる（134条）。

3 条件付権利の保護

条件付法律行為の各当事者は、条件の成否が未定である間は、条件が成就した場合にその法律行為から生ずべき相手方の利益（**期待権**）を害することができない（128条）。したがって、一方当事者がかかる利益を侵害した場合、他方当事者は損害賠償を請求することができる。ただし、実際に請求することができるのは条件が成就してからである。この期待権は処分したり相続したりすることができる（129条）。

4 条件成就の擬制

　条件が成就することによって不利益を受ける当事者が故意にその条件の成就を妨げたときは、相手方はその条件が成就したものとみなすことができる（130条1項）。また、条件が成就することによって利益を受ける当事者が不正にその条件を成就させたときは、相手方は、その条件が成就しなかったものとみなすことができる（130条2項）。

SECTION 2　期限

> **CASE & Q 38**
> ＢはＡから100万円を年利10％で借り入れた。弁済期は１年後であった。Ｂは半年後に弁済することができるのか？

1　意　義

　Ｂの債務の弁済期は１年後であるため、Ａは１年を経過しなければＢに対して履行を請求することができない。契約が成立してもすぐに請求することができないという点では条件と同じであるが、１年後というのは確実に到来するのであり、この点が条件と異なる。これを期限という。

　期限には２つの種類がある。確定期限と不確定期限の２種類である。確定期限というのは到来する時期まで確定している期限のことをいい、不確定期限というのは到来することは確実であるがいつ到来するかは未確定である期限のことをいう。何月何日というのが確定期限で、誰々が死亡したらというのが不確定期限である。

　この期限は、始期・終期という２つの場面で問題となる。効果の発生や債務の履行に関する期限のことを始期といい、それが到来すれば法律行為の効果が発生するという期限を停止期限、それが到来すれば債務の履行を請求することができるという期限のことを履行期限という。終期というのは、効力の消滅に関する期限のことをいう。135条１項は履行期限、２項は終期に関する規定である。停止期限に関する規定は存在しないが、解釈上認められている。

2　期限の利益

　CASE & Q 38のＢは、１年間100万円を弁済しなくてもよいという利益を有している。これを期限の利益という。この期限は債務者の利益のために定めたものと推定される（136条１項）。したがって、債務者が期限の利益を放棄することができる（136条２項本文）。消費貸借契約の規定である591条２項もこのことを確認している。したがって、Ｂは半年後に弁済することができる。

問題はいくら弁済しなければならないのかということである。元本の100万円と半年分の利息である5万円は弁済しなければならないが、Aとしては1年間貸していれば10万円の利息を受け取ることができたわけである。残り5万円を損害としてBに請求することができるのであろうか。条文を読む限りではそうなりそうであるが（136条2項但書・591条3項）、この点については、弁済期までの利息相当額が当然に損害となるわけではなく、何が損害になるかは事案ごとに個別に判断するしかないと解されている。

　なお、一定の事由が生じた場合、債務者は期限の利益を主張することができなくなり、直ちに全額を弁済しなければならなくなる。民法は、①債務者が破産手続開始の決定を受けたとき、②債務者が担保を喪失させ、損傷させ、又は減少させたとき、③債務者が担保を供する義務を負う場合においてこれを供しないときに期限の利益を失うと規定している（137条）。

SECTION 3　期間の計算

> **CASE & Q39**
> 　Bは、6月11日の正午に、「2日後に返す」という約束で、Aから本を借りた。Bは何月何日に本を返さなければならないか?

　民法は、**期間の計算方法**についての規定を置いている(138条以下)。期間の計算方法には、瞬間から瞬間までを計算する自然的計算法と暦に従って計算する暦法的計算法の2種類がある。

　時間によって期間を定めたときは、その期間は、即時から起算する(自然的計算法:139条)。分・秒によって期間を定めたときも同様である。午前6時0分0秒から1時間であれば、起算点は午前6時0分0秒で満了点は午前7時0分0秒である。

　日、週、月または年によって期間を定めたときは、期間の初日を算入しない(140条本文)。これを**初日不算入の原則**という。**CASE & Q39**の場合、6月11日はカウントされない。6月12日の午前0時から2日間のカウントが始まるため、返還義務が発生するのは6月14日の午前0時ということになる。ただし、期間が午前0時から始まるときは、初日も算入することになる(140条但書)。

　期間は、その末日の終了(24時)をもって満了する(141条)。末日が日曜日や祝日である場合は、その日に取引をしない慣習がある場合に限り、期間はその翌日に満了する(142条)。

　週・月・年によって期間を定めたときは、暦に従って計算する(143条1項)。週・月・年の初めから期間を起算しないときは、その期間は、最後の週・月・年においてその起算日に応答する日の前日に満了する(143条2項本文)。

　起算日から過去に遡る場合にも以上の規定が類推適用される。

CHAPTER 10
時効：時の経過によって権利が変動する？

SECTION 1　時効総論

CASE & Q 40

Bは、Aから10万円を借り入れ、弁済期に全額弁済した。ところが、7年ほど経過したある日、Aが再度弁済を求めてきた。Bは領収書を探したが、出てこない。Bは弁済しなければならないのか？

1　意　　義

　時効とは、時の経過により権利を変動させる制度である。民法が定める時効には消滅時効と取得時効の2種類がある。前者は一定期間権利行使をしない場合に本来の権利者の権利を消滅させる制度であり、後者は一定期間占有が継続した場合に本来の権利者でない者に権利を取得させる制度である。後述のとおり、債権は5年で消滅時効にかかるため（166条1項1号）、**CASE & Q 40**では、**Bは消滅時効の主張をして、弁済を拒むことができる。**

　もっとも、Bが弁済していないことが明らかな場合であっても、法律上、Bは時効を理由に弁済を拒むことができる。その意味で、違和感を覚える制度であることは確かである。取得時効についても同様で、他人の物を占有していれば自分のものになり、反射的効果として元の所有者は所有権を失うのであるから、やはり違和感を覚えるものである。では、なぜ時効という制度が存在するのか。この問題をめぐっては、古くから議論が交わされてきた。

2　時効制度の存在理由

　これについては、次の3つが存在理由として挙げられることがある。第1は、永続した事実状態の尊重である。たとえば、AがBの土地を長期にわたって占有し、その土地がAのものであるということを前提に法律関係が構築されていた場合、その土地が実はBのものだということになると、土地の所有者がAであるという前提の上に作り上げられた法律関係がすべて覆ってしまう。こ

れでは、安心して取引をすることができない。だから時効という制度があるのだと説明するわけである。

　第2は、立証困難の救済である。CASE＆Q40のBがそうであるように、領収書をなくすなどして弁済したという証明ができないこともある。このような場合に改めて弁済しなければならないというのでは、弁済をした者にあまりにも酷である。このような状況に対処するために時効という制度が必要なのだと説明するのである。

　第3は、権利の上に眠る者は保護に値しないという判断である。金銭を貸していて、弁済期も到来しているのに、いつまで経っても請求をしないのであれば、不利益を受けてもやむを得ないというわけである。

　もっとも、永続した事実状態を前提に法律関係が構築されていることというのが時効の要件となっているわけではないし、人にはそれぞれ事情があるのであって、履行の請求をしていないからといって権利の上に眠っていると一般的に言えるわけでもない。また、弁済していないことが明らかな債務者でも、条文上は、時効によって債務を免れることができる。このように、いずれの存在理由も、それだけで時効制度全体を説明することができるわけではない。そもそも、時効制度の中には消滅時効と取得時効があり、それぞれの中にも長期のものや短期のものがあるのであり、これらの制度の存在理由を統一的に説明するのは困難である。そこで、現在ではそれぞれの制度ごとに存在理由を説明しようとするのが一般的である。

CHAPTER 10　時効

120

SECTION 2 取得時効

> **CASE & Q41**
> Bの家の隣は空き地（甲）であるが、Bは、車を停めるスペースがほしかったため、Aから無償で甲を借り、契約書も作成した。そのまま20年が経過した。Bは甲を時効取得できるか？

1 所有権の取得時効

取得時効に関する規定は162条以下に登場する。所有権以外の財産権の取得時効についての規定（163条）もあるが、中心となるのは162条である。それによると、①「20年間、所有の意思をもって、平穏に、かつ、公然と他人の物を占有した」とき（1項）、②「10年間、所有の意思をもって、平穏に、かつ、公然と他人の物を占有した者」が「その占有の開始の時に、善意であり、かつ、過失がなかったとき」（2項）に、占有者はその物の所有権を取得する。①は長期取得時効、②は短期取得時効と呼ばれる。

（1）所有の意思

①にせよ②にせよ、**所有の意思をもって占有する**ことが必要となる。所有の意思をもってする占有は**自主占有**とも呼ばれ、所有の意思をもたない占有である他主占有と区別される。

所有の意思の有無は占有者の内心の意思によって決まるのではなく、占有取得の原因たる事実によって外形的客観的に決まる（最判昭45・6・18判時600号83頁）。したがって、物を盗んだ者には所有の意思が認められるが、その物を借りた者には所有の意思は認められない。**CASE & Q41**のBは、甲を占有しているが、Aから借りて占有を始めたのであるから、所有の意思をもった占有ではなく、どれだけ占有していても時効取得は認められない。

もっとも、占有の性質が変わることもある。当初は他主占有であっても、占有者が、自己に占有をさせた者に対して所有の意思があることを表示するなどした場合は、自主占有に変わる（185条）。

（2）他人の物の占有

162条は他人の物を占有することが必要であると規定しているが、これに関

しては、自分の物は時効取得できないのかという議論がある。自分の物なのであるから時効取得を問題にする必要はないように思えるが、たとえば、不動産を購入して引渡しを受けたが移転登記未了のまま10年以上が経過し、いざ移転登記手続請求をしようとしたところ、売主が貨幣価値の変動を理由に追加の代金を支払わなければ手続に応じないと言ってきたような場合、取得時効の主張を認めることにも意味がある。判例も、このような場合に取得時効の主張を認めている（最判昭44・12・18民集23巻12号2467頁）。

（3）平穏、公然、善意、無過失

時効取得が認められるためには、「平穏に、かつ、公然」とする占有でなければならない。平穏とは暴行や脅迫によらないこと、公然とは密かに隠していないことをいうが、この要件については、186条1項で推定される。

短期取得時効では、さらに占有開始時における善意・無過失も必要となるが、このうちの善意も186条1項で推定される。ここでいう善意とは、その物を自分の所有物だと信じたことをいう。これに対して、無過失は同条で推定されない。取得時効を主張する者は、その物を自己の所有と信じたことにつき無過失であったことの立証責任を負う（最判昭46・11・11判時654号52頁）。

（4）占有の継続

他人の物を時効取得するためには、10年あるいは20年間占有を継続しなければならない（162条）。もっとも、長期間の占有を立証するのは困難であるため、推定規定が置かれている。前後の両時点において占有をした証拠があるときは、占有は、その間継続したものと推定される（186条2項）。

また、1人で10年間または20年間占有しなければならないわけではなく、複数人の占有を合算することができる（187条1項）。たとえば、Aが7年間、Bが9年間、Cが4年間占有していた場合、CはA・B・Cの占有を合算して、20年の取得時効を主張することができる。

もっとも、10年の取得時効を主張する場合には注意が必要である。10年の取得時効を主張するためには、占有開始時に善意無過失であることが必要であるが、前の占有者の占有が悪意で始まっていた場合、期間だけを合算することはできず、前の占有者の悪意も承継する（187条2項）。したがって、上の例で、Bが10年の取得時効を主張しようと思っても、Aが占有開始時に悪意であれば、A・Bの占有は悪意で始まった占有ということになり、10年の取得時効の

要件をみたさなくなる。

　なお、10年、20年の起算点は占有を開始した時であり、起算点を任意に選択して時効完成の時期を早めたり遅らせたりすることはできない（最判昭35・7・27民集14巻10号1871頁）。これは論理必然ではないが、取得時効と登記をめぐる判例法理を前提にするとこのようになる。

2　所有権以外の財産権の時効取得

　地上権や永小作権といった所有権以外の財産権も時効取得することができるが（163条）、取消権や解除権のような継続的に行使することが考えられない権利は対象とならない。債権も一般論としては継続的に権利を行使することが考えられないため、取得時効の対象にならない。もっとも、土地の賃借権については継続的な権利行使を考えることができる。判例（最判昭43・10・8民集22巻10号2145頁）も、「土地の継続的な用益という外形的事実が存在し、かつ、それが賃借の意思に基づくことが客観的に表現されているとき」は、時効取得が可能であるとしている。

3　自然中断

　占有の途中で占有を失うこともある。このような場合は取得時効の中断が生じ（164条）、占有者はまた0から占有をしなければならなくなる。

SECTION 3　消滅時効

CASE & Q42

　BはAから甲土地を賃借していたが、賃貸借契約の内容についてトラブルになり、Aは賃料の受領を拒絶した。そこで、Bは賃料を供託することにした。7年後、AB間で、Bは甲を明け渡しAは賃料相当額の損害金債権を放棄するという和解が成立した。そこで、Bは供託金の取戻しを請求した。ところが、供託官は、時効によって消滅しているものがあるとして、2年分の取戻請求を拒んだ。Bは、供託金を取り戻すことができないのか？

1　債権等の消滅時効

　消滅時効は一定期間権利を行使しないことにより権利を消滅させるという制度であり、要件は一定期間の権利不行使という極めてシンプルなものである。もっとも、消滅時効期間が複数存在し、**起算点**については解釈によってその意味を確定させることが必要になるため、取得時効にはないややこしさがある。

　消滅時効は、大きく債権の消滅時効とそれ以外に分けることができるが、まずは債権の消滅時効についてみておこう。債権の消滅時効期間は5年と10年である（166条1項）。両者は起算点が異なる。5年時効の起算点は「債権者が権利を行使することができることを知った時」（166条1項1号）であり、一般に**主観的起算点**と呼ばれる。10年時効の起算点は「債権者が権利を行使することができる時」（166条1項2号）であり、一般に**客観的起算点**と呼ばれる。このように、債権には、主観的起算点から5年、客観的起算点から10年という2つの種類の消滅時効が存在する（図表19）。

（1）客観的起算点

　(a)　**権利を行使することができる時**　　消滅時効で重要なのが起算点の解釈である。客観的起算点は「権利を行使することができる時」であるが、この意味が問題となる。この点については、かつては、**法律上の障害**がなくなった時と考えられていた。たとえば、100万円の貸金債権の弁済期が10月1日である場合を考えてみよう。10月1日という確定期限が付いていれば、その期限が到来するまで債権者は債務の履行を請求することができないのであるから（135条1

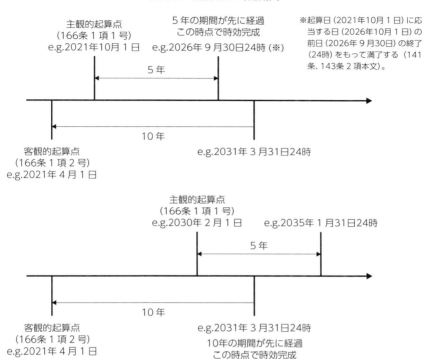

図表19　起算点と時効期間

項)、10月1日になるまでは法律上の障害があるということになる。そして、10月1日になればこの法律上の障害がなくなり、債権者は権利行使が可能になる。したがって、この日が消滅時効の起算点ということになる。もっとも、初日不算入の原則（140条本文）の適用を受けるため、消滅時効の進行が開始するのは、正確には10月2日ということになる。

　誰々が死亡したらという不確定期限が付いている場合は、その誰々が死亡した時が「権利を行使することができる時」である。誰々が死亡したことを債権者が知らなくても、客観的には権利を行使することができるのであるから、死亡時が起算点となる。これも厳密にいえば、死亡した日の翌日から起算することになる。

　期限の定めがない債権の場合（100万円を貸して弁済期を定めなかったような場合）は、債権が成立した日（厳密にいえば、その翌日）が起算点となる。その時か

ら履行の請求をすることができるからである。

(b) 「権利の性質上、その権利行使が現実に期待のできるものであること」　問題は、このような法律上の障害がなくなれば常に消滅時効は進行することになるのかということである。そうだという見解もありうる。しかし、CASE＆Q42のような場合、その理解を貫くとBに著しく酷な結果となる。

CASE＆Q42では供託という言葉が登場するので、前提として、供託について簡単に説明しておく。ここでの供託は弁済供託とも呼ばれ、債権者が弁済の受領を拒んだり、弁済を受領することができなかったりした場合、あるいは、債務者を確知することができない場合に、債務者が供託所に弁済目的物を預けることができるという制度である。そして、供託をすると債権が消滅する（494条）。CASE＆Q42では、Aが賃料を受領しないのでBは仕方なく供託したわけである。

債権者が供託を受諾せず、または供託を有効と宣告した判決が確定しない間は、弁済者は、供託物を取り戻すことができるが、この権利のことを供託物取戻請求権という（496条1項）。この供託物取戻請求権は供託直後から行使することができるため、CASE＆Q42で法律上の障害は存在せず、供託物取戻請求権は5年で消滅時効にかかるということになりそうである。

しかし、CASE＆Q42の例がそうであるように、紛争が続いているから供託をしたという場合に、紛争が解決しない状態で供託物の取戻請求をするというのは現実的ではない。供託直後から供託物取戻請求権の消滅時効が進行するということにすると、供託という制度を無意味なものにしてしまうおそれがある。

そこで、判例は、「権利を行使することができる」とは、「単にその権利の行使につき法律上の障害がないというだけではなく、さらに権利の性質上、その権利行使が現実に期待のできるものであることをも必要と解するのが相当である」（最大判昭45・7・15民集24巻7号771頁）として、消滅時効の起算点を遅らせる操作をしている。学説も判例の立場を支持している。CASE＆Q42では、和解の日の翌日から消滅時効が進行することになり、Bは供託した全額について取戻請求をすることができる。

（2）主観的起算点

主観的起算点は「債権者が権利を行使することができることを知った時」である。契約に基づく債権の場合、主観的起算点と客観的起算点は通常一致す

る。10月1日が弁済期であれば、その日が「権利を行使することができる時」であり、かつ、「債権者が権利を行使することができることを知った時」である。したがって、10月2日（初日不算入であるためこのようになる）から5年が経過すれば、つまり5年後の10月1日の終了をもって消滅時効が完成する。

これに対して、法律に基づく債権の場合は、主観的起算点と客観的起算点が一致しないこともある。たとえば、購入した物に欠陥があった場合、買主は売主に対して損害賠償請求等の契約不適合責任を追及することができる（562条以下、ただし566条の期間制限に注意）。この場合の①客観的起算点は引渡しの日（の翌日）、②主観的起算点は欠陥があることを知った時（の翌日）である。①から10年または②から5年で時効が完成する。

2　人の生命または身体の侵害による損害賠償請求権の消滅時効

生命侵害、身体侵害を理由とする損害賠償請求権の場合は特則が設けられている。166条1項2号の10年が20年に延長されており（167条）、主観的起算点から5年、または客観的起算点から20年で消滅時効にかかる。

生命や身体を害する不法行為による損害賠償請求権の消滅時効期間も5年と20年であり（724条、724条の2）、債務不履行を理由とする場合であっても不法行為を理由とする場合であっても、時効期間は同じになっている。

3　定期金債権の消滅時効

特殊な債権として**定期金債権**というのがある。年金を考えてみてほしい。分析的に考えると、年金を受給することができるという基本的な権利があって、それに基づいて毎月の具体的な権利が発生するという構造になっている。この場合の基本的な権利のことを定期金債権という。毎月の具体的な給付を求める債権は**支分権**とか**定期給付債権**と呼ばれる。年金に似た契約として**終身定期金**契約（689条）がある。国民年金や厚生年金の時効は個別の法律で定められているため、ここでは終身定期金契約上の債権の消滅時効で考えることにする。

定期金債権は、各期の定期給付債権を行使することができることを知った時から10年、同債権を行使することができる時から20年で時効によって消滅する（168条1項）。これに対して、定期給付債権自体は166条1項の適用を受け、主観的起算点から5年または客観的起算点から10年で時効によって消滅する。

4 債権以外の権利の消滅時効

> **CASE & Q43**
> Aは、Bに100万円を貸し付けたが、この貸金債権が時効消滅しそうになっていたので、Aは訴えを提起し、勝訴判決が確定した。貸金債権の消滅時効期間はどうなるか？

　確定判決または確定判決と同一の効力を有するものによって確定した権利については、10年より短い時効期間の定めがあるものであっても、その時効期間は10年となる（169条1項）。勝訴判決が確定すると時効の更新という効果が生じるが（147条2項）、更新後の消滅時効期間が10年になるのである。**CASE & Q 43**のAの債権は、当初は5年であったが（166条1項1号）、判決確定後は時効期間が10年となる。

　債権または所有権以外の財産権も消滅時効にかかる。権利を行使することができる時から20年間行使しない時に消滅する（166条2項）。所有権は消滅時効にかからないため、所有者が消滅時効によって所有権を失うことはない。もっとも、誰かが時効取得したことの反射的効果として所有権を失うことはある。

5 除斥期間

　時効とよく似た概念として**除斥期間**というのがある。これは期間の経過により画一的に権利を消滅させる制度である。援用が不要で、遡及効もなく、更新もないという特徴がある。民法に除斥期間という言葉は登場しないが、取消権や解除権といった形成権は除斥期間であると言われる。

SECTION 4　時効の完成猶予・更新

> **CASE & Q44**
>
> ＡはＢに100万円の債権を有しているが、弁済期を経過してもＢは返済せず、あと１か月で消滅時効が完成するというところまで来ている。
>
> Q1）Ａは訴訟を考えているが準備が間に合わない。どうすればよいか？
>
> Q2）Ａは後見開始の審判を受けているが、成年後見人が付いていない状態である。消滅時効期間が経過すれば、Ａの債権は時効消滅してしまうのか？
>
> Q3）Ｂの債務を保証するためにＣが保証人になっていた。Ａの催告に対して、Ｃは「もうちょっと待ってほしい」と返答した。ＡのＢに対する債権、Ｃに対する債権はそれぞれどうなるか？

1　時効障害総論

CASE & Q44 Q1） の場合、消滅時効が完成すればＡは事実上債権を回収することができなくなるのであるから、Ａとしては何とかして消滅時効が完成しないようにする必要がある。そのような時効の完成を妨げる制度として、**完成猶予**と**更新**というのが存在する。**時効障害**と呼ばれる。

完成猶予というのは一定の事由が生じた場合に時効の完成を少し先延ばしにする制度であり、**更新**というのは一定の事由が生じた場合にそれまでの時効期間を０にして新たに時効を進行させる制度である。取得時効で問題となるものもあるが、消滅時効を念頭に置く方がわかりやすい。

2　完成猶予

完成猶予には２つの類型がある。権利を行使したから完成が猶予されるというものと、権利行使が困難だから完成が猶予されるというものである。両類型とも、債権者は権利の上に眠っているわけではないため、完成猶予の効果が生じるのである。

（1）権利行使型の完成猶予事由

(a)　**裁判上の請求等**　　まず、裁判上の請求である（図表20）。裁判上の請求とは訴えを提起することをいう。これをすると裁判所に訴訟が係属している間は時効が完成しない（147条１項１号）。訴えの取下げのように、確定判決という形

図表20　裁判上の請求と完成猶予・更新

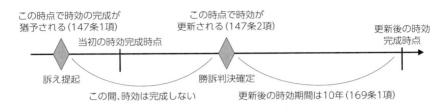

をとらないで訴訟が終了することもあるが、このような場合は、その時から6か月間、時効の完成が猶予される（同条1項柱書かっこ書）。

つぎに、支払督促である。支払督促とは、金銭等の給付を目的とする請求について債権者の申立てにより裁判所書記官が発する命令のことである（民事訴訟法382条）。支払督促が発せられた場合は時効の完成が猶予される（147条1項2号）。

第3に、和解と調停である。簡易裁判所での手続に訴え提起前の和解という制度がある（民事訴訟法275条1項）。また、民事調停法や家事事件手続法に調停という制度がある。これらの和解や調停を申し立てた場合は、時効の完成が猶予される（147条1項3号）。

最後に、破産手続参加、再生手続参加又は更生手続参加である。債権者がこれらの手続に参加するためには債権の届出をしなければならない（破産法111条、民事再生法94条、会社更生法138条）。そして、届出をすれば時効の完成が猶予される（147条1項4号）。

(b) 強制執行等　まず、強制執行と担保権の実行である。いずれも債権の内容を強制的に実現するための手段であり、民事執行法に規定がある。これらの手続が始まれば時効の完成が猶予される（148条1項1・2号）。もっとも、債権者が物上保証人の不動産に設定されている抵当権を実行したような場合は、債務者にその旨を通知しなければ、完成猶予の効果が生じない（154条）。

次に、形式競売である。債権の強制的実現を目的とするのではない、換価のための競売のことを形式競売と呼ぶ（民事執行法195条）。留置権（295条）による競売が典型であり、この手続が始まれば時効の完成が猶予される（148条1項3号）。

民事執行法に債務者の財産を開示させる手続（民事執行法196条以下）や債務者の財産に係る情報を提供させる手続（民事執行法204条以下）が存在する。これら

の手続が始まれば時効の完成が猶予される（148条1項4号）。

　(c)　**仮差押え等**　　民事保全法に仮差押え（民事保全法20条）とか仮処分（民事保全法23条）という制度がある。強制執行ができなくなるおそれがあるときや権利を実行することができなくなるおそれがあるときに用いられる制度であるが、これらの申立てがされたときは、その事由が終了した時から6か月を経過するまでは、時効が完成しない（149条）。

　(d)　**催告**　　口頭や文書で債務者に対して債務の履行を求めることを催告というが、この催告をすると、その時から6か月を経過するまでの間は、時効は完成しない（150条1項）。**CASE & Q44 Q1）**のAは、ひとまずBに催告することで時効の完成を猶予することができる（後述の承認という制度を使って時効を更新することもできる）。ただし、完成猶予中に再度催告をしても無意味である（同条2項）。

　(e)　**協議を行う旨の合意**　　権利についての協議を行う旨の合意が書面でされたときは、①その合意があった時から1年を経過した時、②その合意において協議を行う期間（1年未満）を定めたときはその期間を経過した時、③当事者の一方から相手方に対して協議の続行を拒絶する旨の通知が書面でされたときはその通知の時から6か月を経過した時、のいずれか早い時までの間は、時効が完成しない（151条1項）。

（2）権利行使困難型の完成猶予事由

　(a)　**未成年者、成年被後見人**　　時効期間満了前6か月以内の間に未成年者または成年被後見人に法定代理人がないときは、その未成年者もしくは成年被後見人が行為能力者となった時または法定代理人が就職した時から6か月を経過するまでの間は、その未成年者または成年被後見人に対して、時効は完成しない（158条1項）。

　CASE & Q44 Q2）では、Aは成年被後見人であり、時効期間満了まであと1か月であるにもかかわらず成年後見人が付いていないのであるから、権利行使が現実的にはできない。したがって、Aに成年後見人が付いた時から6か月を経過するまで、時効は完成しない。

　(b)　**夫婦**　　夫婦の一方が他の一方に対して有する権利については、婚姻解消の時から6か月を経過するまで、時効は完成しない（159条）。

　(c)　**相続財産**　　相続財産に関しては、相続人が確定した時、管理人が選任

された時または破産手続開始の決定があった時から6か月を経過するまでの間は、時効は完成しない（160条）。

(d) **天災等**　天災等で裁判上の請求や強制執行の手続ができないときは、その障害が消滅した時から3か月を経過するまで、時効は完成しない（161条）。

3　更　新

完成猶予は時効の完成が一定期間猶予されるというものであるが、それまでの期間経過が意味を失い、新たに消滅時効の進行が開始するというものがある。それが更新である。一定の事由が生じれば権利の存在が確かなものとなるため、更新の効果が生じるのである。更新事由としてつぎのものがある。

(a) **裁判上の請求等**　裁判上の請求等をすれば時効の完成が猶予されるが、確定判決等によって権利が確定したときは、時効は更新される（147条2項、図表20）。

(b) **強制執行等**　強制執行等をすれば時効の完成が猶予されるが、手続が終了すれば時効が更新される（148条2項）。

(c) **承認**　権利の承認があったときは時効が更新される（152条1項）。承認といっても積極的なものでなければならないわけではなく、債務の存在を前提にした言動があれば承認にあたる。<u>CASE＆Q44 Q3）で、Cは「もうちょっと待ってほしい」と述べているが、この発言は債務の存在を前提にしているから承認にあたる。したがって、Cの債務についての消滅時効は更新される。</u>

4　効力の及ぶ範囲

147条から152条までの規定による時効の完成猶予や更新は、その事由が生じた当事者及びその承継人の間においてのみ効力を有する（153条）。つまり、相対的な効力しかない。<u>CASE＆Q44 Q3）ではCに対する債権の消滅時効は更新されるが、更新の効果はあくまでもAC間でのみ生じ、Bには影響しない（153条3項）。したがって、Bに対する債権の消滅時効は更新されず、依然として進行を続けることとなる。</u>そして、消滅時効が完成すれば、Bはそれを援用することができる。もっとも、例外もあり、たとえば、Bが債務を承認しBの債務の消滅時効が更新された場合、Cの債務の消滅時効も更新される（457条1項）。

SECTION 5　時効の援用・時効利益の放棄

CASE & Q45

Ｂは2020年の10月１日にＡから金銭を借り入れた。弁済期は2021年10月１日であった。その後、2026年10月１日が経過した。

Ｑ１）Ｂは、自分の債務を担保するためにＣに保証人になってもらっていた。ＣはＢの債務の消滅時効を援用することができるか？

Ｑ２）Ｂは消滅時効を援用した。Ｂの債務はどの時点で時効消滅するのか？

Ｑ３）Ｂは借入れの際、「私は時効を援用しません」という一文を書いていた。Ｂは時効の利益を受けることができないのか？

1　意　　義

　時効期間が経過してもそれだけで権利変動が生じるわけではない。援用が必要ということになっている（145条）。援用とは、時効の利益を享受するという意思表示のことをいうが、この援用がなければ、時効期間が経過していることが明らかであっても、裁判所は権利が消滅したとか権利を取得したということを前提に裁判をすることができない。このように、民法は、時効の利益を享受するかどうかを当事者の意思に委ねている。

2　法的構成

　消滅時効の場合は、債権者が一定期間権利を行使しなければ債権は時効によって消滅する（166条１項）。取得時効の場合は、占有の継続その他の要件をみたせば占有者は所有権等の権利を取得する（162条・163条）。このように、文言だけをみると、時効の完成により権利変動が生じるように読める。しかし、実際には、援用しなければ裁判所はこれによって裁判をすることができない。この関係をどのように説明すればよいのか、古くから議論されてきた。

　第１の考え方は、時効の完成によって権利変動は生じているがそれを裁判で取り上げてもらうためには援用が必要なのだとするものである。援用を訴訟の場における攻撃防御方法の１つと考えるのである。権利変動自体は時効の完成によって生じていると考えるため、確定効果説とも呼ばれる。

第2の考え方は、時効の完成によって権利変動は生じるが、それは援用すればという条件付なのだという考え方である。条件付で権利が変動するという考え方なので、不確定効果説と呼ばれたりする。この見解も細かくみると、援用することを停止条件として権利変動の効果が生じるとするもの（停止条件説）、援用しないことを解除条件として権利変動の効果が生じるとするもの（解除条件説）などに分かれる。

　第1と第2の見解は、時効を実体法上の権利得喪原因と捉えるところに特徴がある。そして、この考え方は、時効制度を永続した事実状態の尊重とか権利の上に眠る者は保護に値しないという観点から正当化する見解と親和的である。

　これに対して、援用を訴訟法の観点から説明する見解がある。これを第3の見解としよう。この見解は、時効制度を立証困難救済のための制度として捉えた上で、時効期間の経過は弁済があったことを証明する法定の証拠であり、援用はかかる法定証拠の提出であると理解する。領収書を紛失するなどして弁済の立証ができなくても、債務者は時の経過という法定の証拠を、援用という形で提出することで、二重弁済を免れることができるというわけである。

　第1の見解は、「取得する」とか「消滅する」といった条文の規定に忠実である。しかし、裁判の場で主張しなければ裁判所が取り上げないというのは、時効に限ったことではない。当事者が主張しない事実を判決の基礎にすることはできないというのは民事訴訟の原則である弁論主義の一内容であるが、そのような原則的なことを時効の場合にだけ明文で規定したというのは、解釈としては説得的でない。

　第3の見解に対しては、援用を法定の証拠とするのは「取得する」とか「消滅する」といった条文の文言に明らかに反するという批判がある。

　文言解釈として厳しいのは、第2の見解も同様である。しかし、第2の見解は、時効の利益を享受するかどうかを当事者の意思に委ねる民法の基本的な考え方と整合的である。そういうこともあって、この考え方が通説的な見解となっている。判例（最判昭61・3・17民集40巻2号420頁）も、「時効による債権消滅の効果は、時効期間の経過とともに確定的に生ずるものではなく、時効が援用されたときにはじめて確定的に生ずるものと解するのが相当であ」るとして、この立場に立っている。

3 援用権者

援用権者は「当事者」(145条)である。当事者の意味について、判例(大判明43・1・25民録16輯22頁)は「時効ニ因リ直接ニ利益ヲ受クヘキ者」という定式を立てていたが、消滅時効については現在ではかっこ書が存在し、「保証人、物上保証人、第三取得者その他権利の消滅について正当な利益を有する者」も援用権者である。

「権利の消滅について正当な利益を有する者」にあたるかが問題になるものとして、後順位抵当権者がある。先順位抵当権の被担保債権が消滅時効にかかっているとき、後順位抵当権者はこれを援用することができるのであろうか。これができれば、先順位の抵当権の被担保債権が消滅し、付従性で先順位の抵当権も消滅する。そうすると、後順位抵当権の順位が上昇し、順位にもよるが、被担保債権に対する配当額が増加する可能性が高い。そうであれば、後順位抵当権者は「権利の消滅について正当な利益を有する者」にあたると考えてもよさそうである。

しかし、判例(最判平11・10・21民集53巻7号1190頁)は、旧法下の事案で、「配当額の増加に対する期待は、抵当権の順位の上昇によってもたらされる反射的な利益にすぎない」として、後順位抵当権者は先順位抵当権の被担保債権の消滅時効を援用することができないと判断した。

設例に戻ると、**CASE＆Q45 Q1)** のCは保証人であるから、Bの債務についての消滅時効の援用権者にあたる。CはAと保証契約を締結し保証債務という債務を負担しているのであるから、保証債務の消滅時効を援用することができるのはいうまでもないが、145条かっこ書によって、主たる債務(Aに対するBの債務)の消滅時効も援用することができる。

4 援用の効果

CASE＆Q45 Q1) で、主たる債務の消滅時効をCが援用した場合、その効果はどうなるか。Bの債務が消滅するということになりそうである。しかし、時効の援用をするかどうかの判断を援用権者に委ねている以上、援用権者以外の者にその効果を及ぼす必要はない。そこで、時効援用の効果は相対的に生じると考えられている。明文規定はないものの、通説はそのように考えている。

図表21 援用の相対効

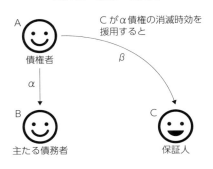

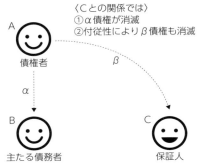

相対的というのは、援用をした当事者と債権者との間でのみ債務消滅の効果が生じるという意味である。

CASE&Q45 Q1）でいえば、Cが主たる債務の消滅時効を援用すると、主たる債務はCとの関係においてのみ消滅する。そして、Cとの関係で主たる債務が消滅すれば、Cはその債権の保証人なのであるから、保証している債務が消滅したということになり、付従性という原則により保証債務も消滅する。

これに対して、Bとの関係では主たる債務は依然として有効に存在しているのであるから、AはなおBに対して履行の請求をすることができる（図表21）。

ちなみに、Bが主たる債務の消滅時効を援用すると、主たる債務だけでなく保証債務も消滅する。Cの債務が消滅するのである。Bが行った援用の効果がCに影響しているわけであるが、これは、主たる債務が消滅すれば保証債務も消滅するという保証の付従性という性質によるものであって、援用の効果とは無関係である。

5　時効の効力

時効の効力は起算日にさかのぼる（144条）。つまり、**遡及効**がある。債権の消滅時効であれば「権利を行使することができることを知った時」または「権利を行使することができる時」であり（166条1項）、取得時効であれば占有開始

時である。**CASE & Q45 Q 2）**の場合、2021年10月 1 日（正確には初日不算入で10月 2 日）の時点で債権は消滅していたことになる。

6　時効利益の放棄

　時効の利益は、時効完成前に**放棄**することができない（146条）。時効は公益的な制度であるからと説明されることもあるが、実際問題として、これを認めると金銭を借り入れる際に時効の利益を放棄することを求められるのは火を見るより明らかである。これを認めたのでは何のために時効制度があるか分からない。そこで、放棄はできないということになっている。**CASE & Q45 Q 3）**のBは借入時に時効利益を放棄しているが、これは無効であり、時効が完成すれば、Bは時効を援用することができる。

　時効完成後の放棄には何の問題もない。時効利益の享受を望まないのであれば、放棄することができ、その時から改めて時効が進行する。問題は、積極的に放棄するのではなく、時効完成後、そのことに気づかず、債務の承認をしてしまった場合である。判例は、信義則を根拠に、債務者はもはや援用することはできないとする（最大判昭41・4・20民集20巻 4 号702頁）。

　時効利益の放棄の効果も相対的である。放棄をしていない者は、引き続き時効を援用することができる。たとえば、保証の場面で、主たる債務者が時効利益を放棄しても、保証人はなお主たる債務の消滅時効を援用することができる。

SECTION5　時効の援用・時効利益の放棄

参考文献

本書は、紙幅の都合上本文中での引用の表記は割愛したが、以下にまとめて典拠を示す。さらなる学習にあたっては、これらの文献を参照されたい。

1．概説書

近江幸治『民法講義1民法総則［第7版］』（成文堂・2018）

小賀野晶一『基本講義民法総則・民法概論』（成文堂・2021）

佐久間毅『民法の基礎1総則［第5版］』（有斐閣・2020）

潮見佳男・滝沢昌彦・沖野眞已『民法1総則（有斐閣アルマSpecialized）』（有斐閣・2024）

潮見佳男『民法（全）［第3版］』（有斐閣・2022）

中舎寛樹『民法総則（法セミLAW CLASSシリーズ）［第2版］』（日本評論社・2018）

山野目章夫『民法総則・物権［第8版］(有斐閣アルマBasic)』（有斐閣・2022）

山野目章夫『民法概論1民法総則［第2版］』（有斐閣・2022）

山田卓生・河内宏・安永正昭・松久三四彦『民法I―総則［第4版］(有斐閣Sシリーズ)』（有斐閣・2018）

香川崇・竹中悟人・山城一真／山本敬三監修『民法1総則』（有斐閣ストゥディア・2021）

佐久間毅・石田剛・山下純司・原田昌和『民法I総則［第2版補訂版］(LEGAL QUEST)』（有斐閣・2020）

永田眞三郎・松本恒雄・松岡久和・横山美夏『民法入門・総則―エッセンシャル民法1［第5版補訂版］』（有斐閣・2023）

奥田昌道・安永正昭編『法学講義民法総則［第3版］』（勁草書房・2018）

中田邦博・後藤元伸・鹿野菜穂子『新プリメール民法1民法入門・総則［第3版］』（法律文化社・2022）

小野秀誠・良永和隆・山田創一・中川敏宏・中村肇『新ハイブリッド民法1民法総則［第2版］』（法律文化社・2023）

田井義信監修／大中有信編『ユーリカ民法1民法入門・総則』（法律文化社・2019）

後藤巻則・滝沢昌彦・片山直也編『プロセス講義民法I総則』（信山社・2020）

原田昌和・寺川永・吉永一行『民法総則［第2版］(日評ベーシック・シリーズ)』（日本評論社・2022）

【2017年債権法改正未対応のもの】

内田貴『民法I総則・物権総則［第4版］』（東京大学出版会・2008）

川井健『設例民法学１民法総則』（勁草書房・2012）

河上正二『民法総則講義（法セミLAW CLASSシリーズ）』（日本評論社・2007）

潮見佳男『民法総則講義』（有斐閣・2005）

山本敬三『民法講義Ｉ総則［第３版］』（有斐閣・2011）

鎌田薫ほか編『民事法Ｉ総則・物権［第２版］』（日本評論社・2010）

２．補助教材

１）判例解説

潮見佳男・道垣内弘人編『民法判例百選Ｉ総則・物権［第９版］（別冊ジュリストNo.262）』
（有斐閣・2023）

千葉恵美子ほか編『Law Practice民法Ｉ［第５版］』（商事法務・2022）

原田昌和・秋山靖浩・山口敬介『民法１総則　判例30！START UP』（有斐閣・2017）

２）演習書・学習ドリル等

石田剛・野々上敬介・溝渕将章・吉永一行『民法チェックノート①総則』（有斐閣・2023）

沖野眞已ほか編『民法演習サブノート210問［第２版］』（弘文堂・2020）

【2017年債権法改正未対応のもの】

山田卓生ほか編『分析と展開　民法Ｉ［第３版］』（弘文堂・2004）

３．その他

能見善久・加藤新太郎編『論点体系判例民法１総則［第３版］』（第一法規・2018）

潮見佳男『民法（債権関係）改正法の概要』（きんざい・2017）

索　引

あ　行

悪　意　64
意思主義　61, 63
意思能力　19
意思表示　60, 63
意思無能力者　20
一部無効　93
営　利　31
援　用　133
援用権者　135

か　行

会計監査人　33
解　散　34
解除条件　113
価額償還義務　93
確定期限　116
過　失　64
果　実　53
過失責任の原則　7
監　事　33
完成猶予　129
機　関　33
期間の計算方法　118
期限の利益　116
起算点　124
既成条件　114
基礎事情錯誤　77
期待権　114
基本代理権　110
客観的起算点　124
強行規定　57
強　迫　86
（通謀）虚偽表示　66
居　所　14

契　約　60, 63, 64

原状回復義務　20, 22, 93
現存利益　93
元　物　53
現物返還義務　93
顕　名　97
権利外観法理　73, 109
権利能力　11, 35
権利能力なき社団　45
権利能力平等の原則　5
故　意　64
行為能力　21
行為能力者　21
公益法人　31
効果（法律効果）　1
効果意思　61
公序良俗　58
更　新　129
個人主義　5

さ　行

債　権　65
催告権　28, 106
債　務　65
詐　欺　83
錯　誤　76
詐　術　29
産出物　53
始　期　116
時　効　119
時効障害　129
自己契約　101
自主占有　121
自然人　11
失踪宣告　15
私的自治の原則　6, 55, 63

141

支分権	127	遡及効	136
死亡の擬制	16		
社　員	33	**た　行**	
社員総会	33	大規模一般社団法人	33
重過失	64	第三者詐欺	87
終　期	116	代　表	40
従　物	52	代表理事	34
主観的起算点	124	代理権	97
趣旨・目的	2	代理権の濫用	102
出生の擬制	12	代理行為	97
出費の節約	96	他人効	97
受働代理	97	中間法人	31
取得時効	121	追　認	94
主　物	52	追認拒絶擬制	106
純粋随意条件	114	追認拒絶権	105
準則主義	32	追認権	105
承　諾	60	定　款	32
消滅時効	124	定期給付債権	127
使用利益	54	定期金債権	127
除斥期間	128	停止期限	116
初日不算入の原則	118	停止条件	113
所有権絶対の原則	6	定着物	51
所有の意思	121	天然果実	53
事理弁識能力	24	登　記	71
心裡留保	61	動　産	52
制限行為能力者	21	同時死亡の推定	13
清　算	34	到達主義	89
正当な理由	41	特別失踪	15
成年後見制度	23	土　地	51
成年後見登記制度	23	取消し	92
成年後見人	24	取消権	106
成年被後見人	21, 24	取締規定（法規）	57
絶対的無効	92		
設立の登記	32	**な　行**	
善　意	41, 62, 64	内部契約	98
善意無過失	64	任意規定	57
全部無効	93	任意後見	23
相対的記載事項	32	任意代理	98
相対的無効（取消的無効）	93	任意代理人	98
双方代理	101	認可主義	32
総　有	46	認定死亡	14

能働代理　97

は　行

売買契約　60

発信主義　89

必要的記載事項　32

被保佐人　21, 26

被補助人　21, 26

評議員　34

評議員会　34

表見代理　42

表見法理　109

表示行為　61

表示錯誤　77

表示主義　61, 64

平等主義　5

不確定期限　116

不確定的無効　104

復代理人　99

復　任　99

不在者　14

普通失踪　15

物上保証　37

不動産　51, 71

不能条件　114

不法条件　114

放　棄　137

法　人　11

法人格　30, 45

法人法定主義　32

法定果実　53

法定後見　23

法定代理　25, 98

法定代理人　98

法律行為　55, 63

法律効果　92

法律上の障害　124

法律要件　55

保佐人　26

補助人　26

ま　行

未成年者　21

無権代理　104

無権代理行為　104

無権代理人　104

無　効　92

明認方法　51

申込み　60

物　50

や　行

有限責任　47

有体物　50

要件 (法律要件)　1

ら　行

利益相反行為　101

履　行　65

履行期限　116

履行利益　104

理　事　33

理事会　33

類推適用　72

索

引

143

DATE	MEMO

DATE	MEMO

DATE	MEMO

DATE	MEMO

DATE	MEMO

DATE	MEMO

■執筆者紹介（五十音順）

石上 敬子 (いしがみ けいこ)	近畿大学法学部准教授	CHAPTER 6 (SECTION 1〜5)
大川 謙蔵 (おおかわ けんぞう)	摂南大学法学部准教授	CHAPTER 0〜1
宍戸 育世 (ししど いくよ)	近畿大学法学部助教	CHAPTER 2
下村 信江 (しもむら としえ)	近畿大学法学部教授	CHAPTER 3〜4
長谷川義仁 (はせがわよしひと)	近畿大学法学部教授	CHAPTER 8
福田健太郎 (ふくた けんたろう)	近畿大学法学部教授	CHAPTER 9〜10
松久 和彦 (まつひさ かずひこ)	近畿大学法学部教授	CHAPTER 5、CHAPTER 6 (SECTION 6)、CHAPTER 7

Horitsu Bunka Sha

民法総則ベーシックス
――CASE＆Qから学ぶ

2024年12月10日　初版第1刷発行

著　者　　石上敬子・大川謙蔵・宍戸育世・下村信江
　　　　　長谷川義仁・福田健太郎・松久和彦

発行者　　畑　　光

発行所　　株式会社 法律文化社

〒603-8053
京都市北区上賀茂岩ヶ垣内町71
電話 075(791)7131　FAX 075(721)8400
https://www.hou-bun.com/

印刷：共同印刷工業㈱／製本：新生製本㈱
装幀：谷本天志

ISBN978-4-589-04370-2

© 2024 K. Ishigami, K. Okawa, I. Shishido, T. Shimomura,
Y. Hasegawa, K. Fukuta, K. Matsuhisa　Printed in Japan

乱丁など不良本がありましたら、ご連絡下さい。送料小社負担にてお取り替えいたします。
本書についてのご意見・ご感想は、小社ウェブサイト、トップページの「読者カード」にてお聞かせ下さい。

JCOPY　〈出版者著作権管理機構　委託出版物〉

本書の無断複写は著作権法上での例外を除き禁じられています。複写される場合は、そのつど事前に、出版者著作権管理機構（電話 03-5244-5088、FAX 03-5244-5089、e-mail: info@jcopy.or.jp）の許諾を得て下さい。

ユーリカ民法 全5巻 田井義信 監修

導入文、コラム、設例、問題演習などを盛り込んだ法学部生向けの新しいタイプのテキスト

大中有信 編／原田昌和・杉本好央・大澤 彩 著

1 民法入門・総則
A5判・336頁・3190円

渡邊博己 編／吉岡伸一・和田真一・梶山玉香・右近潤一 著

2 物権・担保物権
A5判・264頁・2750円

上田誠一郎 編／笠井 修・下村正明・吉永一行 著

3 債権総論・契約総論〔第2版〕
A5判・290頁・3080円

手嶋 豊 編／田井義信・上北正人・大西邦弘・永田泰士 著

4 債権各論
A5判・318頁・3190円

小川富之 編／矢田尚子・神野礼斉・栗林佳代・松久和彦 著

5 親族・相続
A5判・294頁・3080円

潮見佳男・中田邦博・松岡久和編
〈18歳から〉シリーズ

18歳からはじめる民法〔第5版〕
B5判・114頁・2420円

18歳の大学生（とその家族、友人たち）が日常生活において経験しうるトラブルを題材に、該当する法律関係・制度をわかりやすく解説。第4版刊行（2021年2月）以降の法改正をフォローして改訂。

二宮周平著 〈18歳から〉シリーズ

18歳から考える家族と法
B5判・118頁・2530円

家族の5つのライフステージごとに具体的事例を設け、社会のあり方（常識）を捉えなおす観点から家族と法の関係を学ぶ。学生（子ども）の視点を重視し、問題を発見し、解決に向けた法制度のあり方を考える。統計資料も豊富に盛り込む。

中川 淳・小川富之編

家 族 法〔第3版〕
A5判・310頁・2860円

第2版（2019年）以降の立法・法改正、判例の動向をふまえて改訂。家族法制の見直しに関する法制審議会の議論も反映。家族法の歴史や制度趣旨を確認しながら、同性婚や子どもの権利、面会交流、家事紛争手続等の最新動向を解説する入門教科書。

——法律文化社——

表示価格は消費税10%を含んだ価格です